排球比赛致胜因素及科学训练研究

于 洋 著

中国水利水电出版社
www.waterpub.com.cn
·北京·

内 容 提 要

本书主要研究对排球比赛结果有决定性影响的主要因素及各因素的科学训练方法。首先简要阐述排球运动基本理论;其次分析排球运动技能形成的学科基础;再次对排球致胜因子——排球技能控制与学习、排球科学训练与管理进行了研究;最后分别探讨体能、心理、智能及技战术等排球致胜因素的基本理论与科学训练方法。

本书语言简练、结构清晰、内容丰富,系统性、时代性、创新性等特点显著,具有非常高的参考和借鉴价值。

图书在版编目(CIP)数据

排球比赛致胜因素及科学训练研究/于洋著. —北京:中国水利水电出版社,2019.3 (2025.4重印)
ISBN 978-7-5170-7549-3

Ⅰ.①排… Ⅱ.①于… Ⅲ.①排球运动—运动训练—研究 Ⅳ.①G842.2

中国版本图书馆 CIP 数据核字(2019)第 056781 号

书　　名	排球比赛致胜因素及科学训练研究
	PAIQIU BISAI ZHISHENG YINSU JI KEXUE XUNLIAN YANJIU
作　　者	于　洋　著
出版发行	中国水利水电出版社
	(北京市海淀区玉渊潭南路 1 号 D 座 100038)
	网址:www.waterpub.com.cn
	E-mail:sales@waterpub.com.cn
	电话:(010)68367658(营销中心)
经　　售	北京科水图书销售中心(零售)
	电话:(010)88383994、63202643、68545874
	全国各地新华书店和相关出版物销售网点
排　　版	北京亚吉飞数码科技有限公司
印　　刷	三河市华晨印务有限公司
规　　格	170mm×240mm　16 开本　12.25 印张　215 千字
版　　次	2019 年 5 月第 1 版　2025 年 4 月第 4 次印刷
印　　数	0001—2000 册
定　　价	58.00 元

前　言

　　排球运动自发明以来,已有 100 多年的发展历史,现代排球运动在世界体育运动中占据重要地位,排球文化作为一种世界性文化对人们的生活产生了深远的影响。排球运动在世界范围内迅速发展,体现了其无穷魅力。现代排球运动进入新的发展阶段后,其战略战术的选择呈现出复杂化的趋势。同时,现代排球竞技比赛规则也有了一定程度的变化,在这一背景下,专业运动员不再只是专注于传统意义上的训练,而是更加注重科学训练,教练员也越来越注重对运动员技战术核心技能、力量和高度、心理素质与意识等方面的全面培养。面对现代排球运动发展的新趋势,有必要对排球比赛致胜因素、各因素之间的关系及各因素的科学训练进行研究,从而总结排球运动核心竞争力的所在,促进我国竞技排球运动的可持续发展,提高我国排球运动员的竞技水平与实力,使其不断突破与创新,在高水平的世界排球赛事中取得优异的成绩,为国争光。

　　我国排球界对高水平竞技排球比赛致胜因素的认识经历了一个由少及多、由表及里、由感性到理性的过程,不再是以前所概括的"全、高、快、变"四项,而是总结出高度、力度、全面、准确、心理、智能等六个因素,其中高度指网上高度优势,包括相对优势(弹跳力)和绝对优势(身高、臂长),力度是运用技战术时的力量和速度的总称,这两项属于体能要素,全面与准确指的是技战术的全面掌握与准确运用,心理与智能是潜在因素。基于这一新的认识,作者在参阅大量相关著作文献的基础上,精心撰写了《排球比赛致胜因素及科学训练研究》一书。

　　本书共有八章内容,第一章阐述排球运动基本理论,包括排球运动的起源与发展、特点与价值、组织与竞赛欣赏及排球竞赛规则等内容,以提高读者对排球运动的基本认识,同时引出下面的研究。第二章研究排球运动技能形成的学科基础,包括运动生理学基础、运动心理学基础、生物学基础及运动生物力学基础。排球运动技能的形成与这些学科有千丝万缕的联系,掌握它们之间的内在关系,对于排球运动员专项运动技能的快速形成及科学提高具有重要意义。而且多学科理论也为排球运动的相关研究提供了重要的理论基础。第三章与第四章探讨排球运动致胜的两个重要因素，一是排球技能控制与学习，二是排球科学训练与管理。排球运动员在比赛中只有将自身所掌握的技能充分发挥出来，才有取胜的可能，而排球运动员的专项技能是在不断的学习、训练中逐渐形成与提高的，再加上严格的控制与管理，才能够将这些技能灵活运用到实战中，从而取得良好的效果。这两章也为排球运动员参与训练实践提供了重要的理论指导。第五章至第八章分别研究排球比赛致胜的四大因素，即体能因素、心理因素、智能因素、技战术技能因素的相关理论及科学训练方法，这几章是本书的重点，能够为排球运动员的训练提供实践指导，旨在全面培养与提升排球运动员的竞技实力，使其不断适应竞技排球运动新的发展形势与趋势，在比赛中发挥优势，突破取胜。

概言之，本书具有以下几个鲜明的特征。

第一，系统性与层次性。本书首先分析排球运动的基本理论与技能形成，然后探讨排球比赛致胜因素，最后详细研究排球比赛各致胜因素及其训练。结构合理，层层推进，整体安排协调严谨，理论与实践有机结合，体现了系统性与层次性。

第二，重点突出。本书主要研究排球比赛致胜因素及其训练，因此作者在撰写中紧紧围绕这一核心与主题，从第五章至第八章着重展开这方面的研究，所占篇幅达到本书整体的一半。体能、心理、智能及技战术是排球比赛致胜的主要因素，各个因素都占有重要的地位，发挥重要的作用，从不同方面影响比赛成绩，如体能是比赛致胜的基础，技能是比赛致胜的保证，智力是比赛致胜的灵魂，心理是比赛致胜的关键，再加上这些因素相互联系、相互影响、相互促进、相互制约，所以对这些因素的训练缺一不可，不能忽视对其中任何一项因素的研究。

第三，创新性。创新是我国竞技排球运动发展的核心与灵魂，只有加强创新，才能从根本上推动我国竞技排球的发展。基于这一认识，本书在第三章和第四章对排球运动致胜因素的研究中，分别探讨了排球运动技能的学习理念、方法创新和排球运动训练理念与创新，这对于提高排球运动员的专项技能学习水平与训练效果具有重要的理论指导意义。

面对竞技排球运动发展的新特征、新趋势及其对排球运动员参赛能力提出的新要求，本书对排球比赛致胜因素及科学训练进行了深入、全面地探讨和研究，期望本书能够对提高我国排球运动的科学训练水平，提升竞技排球运动员的参赛能力，促进我国排球运动队取得更优异的国际比赛成绩作出有益的贡献。

　　在本书的撰写过程中,作者不仅参阅、引用了很多国内外相关文献资料,而且得到了同事亲朋的鼎力相助,在此一并表示衷心的感谢。由于作者水平有限,书中疏漏之处在所难免,恳请同行专家以及广大读者批评指正。

作　者

2018 年 8 月

目　　录

第一章　排球运动基本理论概述

排球是一项隔网对抗性运动,这项运动具有悠久的历史,经过各时期的发展与演进,排球运动已逐渐形成一个特色鲜明的文化体系。作为一名排球运动员或者排球爱好者,要充分认识与了解排球运动的基本理论与内涵,如此才能更好地参加排球运动,提高运动技能水平。

第一节　排球运动的起源与发展

一、排球运动的起源

大量的史料与文献记载,排球是由美国马萨诸塞州的霍利约克城基督教青年会干事威廉·摩根所创立的。1895 年,威廉·摩根在指导人们参加健身锻炼时,提出应该针对不同的人群采取不同的锻炼方法,这样才能增强体质水平。当时,篮球运动盛极一时,在大街小巷都能见到参加篮球运动的身影,但是篮球运动只适合青年人,年纪较大的人参加容易发生一定的运动损伤。因此,为了满足中老年人健身的需求,需要创造出一种动作较为缓和、活动量适当的运动形式。在这样的情况下,威廉·摩根开始结合篮球、棒球、网球以及手球等运动项目的特点,进行各种各样的试验。在最初的试验中,摩根在篮球场上架起网球网(高约 1.98 米),并用篮球胆作为球,让人们用篮球胆隔着网来回拍打。但由于篮球胆太轻,在空中飘忽不定,又改用篮球,篮球又太重,飞行速度慢并且很难隔网进行击打。最后经过多次的试验,制作了与现代排球相近的、外表是皮制的、内装橡皮球胆的球,圆周为 25~27 英寸(63.5~68.6 厘米),重量为 9~12 盎司(225~340 克),即第一代排球,排球运动也就此正式诞生。

1896 年,美国举行了首次排球比赛,受到人们的欢迎。同年第一个排球竞赛规则出现,这标志着排球运动进入一个新的发展阶段。最初排球比赛没有人数规定,赛前由双方临时商定,只要双方人数相等即可。同年,春田专科学校举办首次排球表演赛,这也是世界上最早的排球赛。赛后,春田市立学院的霍尔斯特德教授根据该项运动球能够在空中飞行、不能落地的特点,将其改名为"Volleyball"(意即"空中连续击球"),这个名称一直沿用至今。

二、排球运动的发展

(一)世界排球运动的发展

一般来说,排球运动的发展大体经历了三个阶段,即从娱乐排球向竞技排球过渡阶段;竞技排球的迅速发展阶段;竞技排球的多元化和娱乐排球的再兴起阶段。

1.从娱乐排球向竞技排球过渡阶段

19世纪初至20世纪40年代是娱乐排球向竞技排球过渡的阶段。排球运动本身就具有较强的娱乐性,再加上最初并没有比赛规则的限制,因此比赛较为随意,毫无技术可言,游戏双方只是争取用手将球击过网即可,若不能一次将球击过,还会有同伴再击,这种比赛方式在一定程度上影响着排球运动比赛的欣赏度。

随着排球运动的不断发展,越来越多的人开始喜爱上这项运动,人们在参与这项运动的过程中,慢慢地发现在击球的过程中一次击球过网并不一定是最佳方式,经过多次的演变便出现了多次击球的打法,这一规则的改变一直延续至今,如今看来是排球规则改革的一大突破。

在最初的排球比赛规则中,规则规定每方击球不能超过3次,否则就会判定失分。这一规则开始将排球击球动作分化为传球和扣球两种。由于排球扣球动作力量大,攻击性强,对抗性强,因此深深吸引了年轻人的参与,大大地推动了排球运动的快速发展。随着排球运动的逐步发展,为应对扣球技术,拦网技术得以出现。此外,为了使本方占据进攻的主动性,排球发球技术也得到一定的更新,侧面上手发球技术受到青睐,发展至此,排球运动开始演变成为一种具有强烈对抗性的竞技性运动。

随着排球运动的不断发展,比赛规则几经修改,这是排球运动发展的必然。1921~1938年间,排球运动规则反复进行修改,最终,发球、传球、扣球、拦网成为四大基本技术。在排球技术不断发展的情况下,排球战术也开始形成并获得逐步发展,这是排球运动发展的一大飞跃。

2. 竞技排球的迅速发展阶段

20世纪40～80年代是我国不断改革与发展的新时期,这一时期也是我国竞技排球迅速发展的阶段。在排球运动发展的过程中,排球协会开始出现。国际间的排球活动和赛事也越来越多,这极大地促进了排球运动的发展。1947年,国际排球联合会(简称国际排联)在巴黎成立,总部设在洛桑,法国的保尔·黎伯为第一任国际排联主席。发展至今,共有220个协会会员,成为世界上拥有会员最多的单项协会之一。国际排联成立后,经过协会会员的商讨,制订了国际排联宪章和相关的排球竞赛规则,成立了技术委员会、竞赛委员会、裁判委员会。国际排联的成立标志着排球运动正式进入竞技排球阶段,排球赛事的频繁进行促使排球技战术不断得到更新,促进了排球运动技战术的蓬勃发展。

发展到20世纪50年代,东欧一些国家的排球运动水平发展较快,屡次在世界大赛中取得优异的成绩。苏联男、女排均以身高体壮、扣球力量大成为排球"力量派"的代表,曾多次蝉联世界冠军。捷克斯洛伐克男排则属于"技巧派",他们之间相互碰撞,共同推动着排球运动的发展。

20世纪60年代初,日本女排运动水平发展较快,在这一时期,日苏对垒的局面时常出现,这两支球队代表了当时最高的排球技术水平。

发展到20世纪70年代,这一时期排球各种技战术应运而生,技战术体系得到了极大的丰富。世界排坛呈现出诸雄争霸的局面,共同促进着排球运动的向前发展。

3. 竞技排球的多元化和娱乐排球的再兴起阶段

20世纪80年代至今是竞技排球多元化和娱乐排球的再兴起阶段,这一时期排球呈现出以下发展趋势。

1)竞技排球的多元化

①竞技化趋势。20世纪80年代以后,竞技排球加快了发展的步伐,比赛竞争更加激烈,以前只靠某一环节就能赢得比赛的情况已成为过去,排球运动至此进入全攻全守的时期。在这一时期,中国、俄罗斯、意大利、巴西、美国等都是世界排球强队,呈现出各个国家争霸的局面。在这一时期,西欧男排以及美国男排的攻防体系相对成熟,跳发球和纵深立体进攻战术具有非常大的威慑力,在排球比赛中得到了广泛的应用。另外,美国男排还创造了摆动进攻战术,这一战术使前排的快变战术与后排的强攻有机地结合在一起,形成纵深立体进攻战术,这种战术运用得当能占据比赛的主动,从而有利于赢得比赛的胜利。中国女排的特点比较全面,善于攻防、战

术多变、以高制矮、以快制高。在这一时期,中国女排球曾经创造了在世界大赛中连续 5 次夺冠的奇迹,令世人刮目相看。在 21 世纪,中国女排又获得了 2004 年奥运会冠军,以及 2016 年里约奥运会的冠军,再一次站在了世界之巅。

②职业化趋势。20 世纪 90 年代开始,竞技排球开始走上职业化发展的道路。意大利、荷兰是最先进行职业比赛的国家。排球运动的职业化是世界排球运动的又一大发展。排球职业化的发展最初受到了社会一定的制约和影响,经过一段时间的发展,职业化排球开始突飞猛进,蔓延至整个世界范围。

③社会化趋势。与其他运动项目相比,排球运动的多元化价值十分明显,经常参加排球运动锻炼能有效增强人体素质,完善人的心理品质,提高社会适应力。目前,排球运动也成为我国全民健身的重要内容,可以说,排球运动的社会化程度越来越高。

2)娱乐排球的再兴起

随着排球运动的向前发展,排球运动的娱乐性逐渐被竞技性所取代。但自 20 世纪 80 年代以来,竞技排球的技战术变化和竞赛规则的改变与完善使得排球比赛的观赏性越来越高,再加上当前社会经济发展水平不高的状况,健身娱乐逐渐成为人们缓解社会压力的有效方法。人们在观看比赛中能获得赏心悦目的享受,在此背景下,排球运动的娱乐性再次获得了发展。这具体表现在以下两个方面。

一方面,竞技排球吸引了大量的排球球迷观看比赛,如果继续开发出深受大众喜爱的排球赛事,无疑会极大地提高人们对排球运动的好感度。

另一方面,竞技排球技巧性较高,在全民健身背景下,需要娱乐排球的发展。目前,沙滩排球、软式排球、迷你排球(小排球)等都是娱乐性非常强的排球运动形式,深受人们的欢迎。

(二)我国排球运动的发展

排球运动传入我国是在 20 世纪初,总体来看,排球运动在我国经历了以下几个重要的变化。

1. 项目名称的变化

20 世纪初,排球运动在我国的广州南武中学和香港皇仁书院开始流行起来,后来通过教学、游戏、表演的方式得到了快速的传播与推广,这一时期人们初次对排球这项运动有了大致的认识与了解。

1913 年,我国首次参加了在菲律宾举行的第一届远东运动会排球赛,在这次比赛后,排球运动正式在我国得到了迅速的推广与发展。此后,在1914年和1924年男子排球、女子排球相继成为全国运动会的正式比赛项目。

1930年,中华全国体育协进会将"队球"改称"排球",这一名称也一直沿用至今。

2. 项目形式的发展变化

排球运动在传入我国后经历了多种赛制的变化,如16人制、12人制、9人制、6人制等,这些赛制的变化是随着具体的国情而变化的。

新中国成立后,参考国际惯例,我国采用了6人制排球形式。在国家领导人的大力支持下,排球运动得到迅速发展。1954年,我国加入国际排球联合会,成为国际排联的正式会员国。在此期间,我国积极参加国际排联组织的各种比赛,加强了与世界排球强国的交流与联系,学习了他们先进的排球经验,这对于我国排球运动的快速发展起到了重要的作用。

20世纪50年代后,受社会和历史各种因素的影响,我国的排球运动发展受当时历史因素的制约和影响,其发展水平从整体上来看是下降的。

1972年,经国家体育部门的商讨,建立了排球训练基地,开始集中力量培养高水平的排球运动员。通过对运动员的培训,我国排球运动水平获得了迅速提高,在1979年,我国男女排在亚洲锦标赛中双双获得冠军,从此中国排球开始冲出亚洲,走向世界。此后,在1981～1986年间,我国女排创造了世界女排大赛中"五连冠"的纪录,令世人刮目相看。

20世纪70年代末到20世纪80年代初,中国女排以"全攻全守、能高能快"的战术打法屡创佳绩,成为世界排球强国。

20世纪80年代,中国男女排出现了成绩下滑的局面,为改变这一局面,国家体委召开召开会议,总结教训,提出了促进我国排球再次崛起的提议。经过多年来的尝试,2003年,中国女排夺取了17年来第一个世界大赛冠军。2004年在雅典奥运会上,中国女排又战胜世界各个排球强国,夺得了阔别20年之久的奥运冠军。2015年,中国女排又夺得世界杯冠军,2016年夺得巴西里约奥运会冠军,中国女排再一次迎来了发展的顶峰。

3. 我国大众排球运动的发展

1)我国大众排球运动的发展历程

(1)第一次转变:游戏活动(对排球运动的初识)。我国传统文化注重养生,这深受道家思想的影响。具体而言,我国传统体育文化注重人的个人修养的提升,通过修炼来达到心理和精神方面的发展。另外,我国长期以来具有重文轻武的现象,人们注重通过读书来走向仕途,实现自身社会阶层的提升。如果不读书来考取"功名",则很难实现向上层的发展。在鸦片战争之后,西方的体育思想逐渐传入我国,人们积极救亡图存,而将体育运动作为实现民族振兴的重要手段。在这一时期,现代体育运动传入我国,对我国的传统体育思想产生了巨大的冲击。在这一形势下,很多传统体育项目逐渐被西方体育运动项目所取代。

20世纪初,美国的一些教会组织将排球运动带入我国,从而使其在我国逐渐传播开来。

刚开始的排球运动主要在教会和教会相关的学校中开展,并且主要是对技术的传授,影响力相对较小,中国人进行排球运动的人更少。当时的排球运动偏向于游戏形式,这与救亡图存的心理具有很大的不一致性,因此其在当时的中国发展缓慢。

(2)第二次转变:由游戏到竞技(洲际比赛出现)。在辛亥革命之后,资产阶级文化逐渐发展壮大,但是并没有发展成为主流文化,人们仍然深受传统文化的影响。1913年,当时的国民政府参加了第一届远东运动会,在这一届运动会上,排球运动被列为比赛项目。这是排球运动第一次被列为洲际比赛项目,是亚洲排球运动向竞技化发展的重要标志。

在第一届远东运动会上,我国受菲律宾邀请参加了当时的排球比赛并输给了该国。但是,通过参加这一比赛,排球运动在我国逐渐具有了一定的影响力,其开始在沿海一些大城市中发展起来。

20世纪20年代,我国开展了新文化运动,并且发生了对我国具有深远影响的"五四"运动。我国在近代经历了第二次思想解放潮流,其在思想文化领域带给人们的影响是尤为深刻的。这一时期,人们积极宣传民主和科学,积极推动西方思想运动在我国的发展,这一时期,马克思主义也在我国逐渐传播与发展。

这一时期,先进的知识分子中,一些人将现代体育作为反抗封建文化的重要手段,中国近代体育具有了强烈的西方文化特点。人们认为,体育运动的价值不仅是其健身价值,更重要的是其具有重要的社会价值。

当时的一些学者积极强调体育教育的重要性。自然体育思想也在我国得到了一定的发展,注重人的本性和人生意义,这在一定的程度上对军国主义进行了批判。这一思想在20世纪20年代对我国产生了重要的影响。在这一思想的影响下,人们的观念和态度方面发生了转变,众多体育项目在我国逐渐发展起来,一些地区和全国性的体育运动会也都定期开展。

在第二届远东运动会上,我国男子排球队战胜了日本队,这对于国人来说起到了一定的振奋和鼓舞作用。同时,在我国的一些国内运动会上,排球也被正式列为了比赛项目,其成为了一项鼓舞人心的重要运动项目。其后,排球运动在我国逐渐就有了一定的参与人群,知道和了解排球运动的人也在不断增多。很多人在参与排球运动过程中,体会到了排球运动的乐趣,对于排球运动具有了一定的心理接受。在爱国、强国等思想的影响下,排球运动满足了人们的精神需要,其逐渐走上了竞技化的发展道路。

新中国成立以后,我国迎来了新的发展纪元,经济和社会各方面都发生了深刻的变革。体育作为一种文化事业也受到了党和政府的普遍重视。

20世纪60~70年代,积极促进与他国之间的交流与合作,这时注重体育的政治功利性的增强。体育外交、劳卫制等都是体育的政治功利性的重要反映。这一时期"举国体制"是体育的重要特点。这一体制促进了竞技体育水平的不断提高,具有积极的意义,但是群众体育却发展相对缓慢。

20世纪80年代,我国积极进行改革开放,总结过去发展过程中的经验和教训。人们的思想意识逐渐发生变化,注重国家利益和集体利益。在当时,女排取得了五连冠,女排精神也成为了民族精神的标签,竞技体育在全国范围内迅速普及。人们从事排球运动并不一定是出于自身的兴趣,而是具有一定的功利性。

20世纪80年代后期,女排成绩出现下滑,而篮球、足球等运动在我国得到了较快的发展,人们的体育选择开始多样化,从事排球运动的人口数量大量减少。为了促进我国排球运动的发展,我国积极实施了一些优惠政策,并且对排球运动进行改造,使得排球运动出现了新的发展趋势。

(3)第三次转变:游戏与竞技并行(社会转型与接受的二元化)。群众排球运动在我国发展缓慢,这引起了人们的关注。很多学者提出了相应的意见和建议,但是虽然经济排球运动发展水平相对较高,但是群众性排球运动仍然发展相对较为缓慢。大众对于竞技排球运动的接受期待也发生了相应的变化。①

在建国之后的很长一段时间内,我国的思想文化相对较为单一,人们的价值观念基本趋同,接受期待的统一性较强。通过排球运动,振奋了人心,获得了良好的心理效果。20世纪80年代,我国排球运动的发展水平较高,各大媒体也广为报道,从而使得人们对于排球运动较为熟悉。但是经过一段时间之后,人们由熟悉转为厌倦。随着女排成绩的下降,以及人们思想的多元化发展,人们的体育选择也变得多元化,从而使得对于排球运

---

① 汪焱.影响我国群众性排球运动普及的主要因素研究[D].福州:福建师范大学,2003.

动的喜爱程度减小。在进行排球文化的宣传时，人们注重运动员训练的刻苦、艰难，而使得人们认为排球运动比赛并不能获得快乐。现代人们注重休闲、娱乐，通过体育运动使自己能够放松，这也使得排球运动不能成为运动健身、休闲的选择。

20世纪90年代，我国积极深化推进改革开放，人们的价值观念发生了深刻的变化。这一时期，人们开始注重个性化，而道德取向也偏向于功利化。在群体中，人们更加注重个人权利的维护。在社会生活中，人们更加贴近现实和实际。另外，在社会生活中，人们的思想认识和价值观念呈现出多元化发展的趋势，对个人行为的衡量有着不同的价值尺度。

随着我国经济社会的发展，人们逐渐开始注重现实生活的意义，强调人的本性的发展。另外，西方的一些自然和人文科学的理论知识更多地传入到了我国，更加促进了人们思想意识的发展。

当今社会，人们的体育需求在不断增长，传统的体育方式难以满足人们的需求，一些新的体育运动开始逐渐被人们所喜爱。西方的体育思想在我国得到了广泛的发展，西方体育运动项目得到了进一步的发展，这使得我国的传统体育项目逐渐被冷落。

现代社会，人们的闲暇时间逐渐增多，休闲生活逐渐发展，休闲文化被推向了新的发展高度。休闲与人文精神相结合，人们对于休闲体育的认可逐渐增加，人们的体育传统也逐渐发生着改变。

如今，西方体育思想在我国逐渐具有了广泛的影响力，其与我国的传统体育思想文化相结合，从而使得适合我国国情的现代体育观念逐渐形成。在新的思想观念影响下，排球运动在我国也逐渐出现了新的发展。

排球运动在现代人文精神的影响下，正积极向着休闲化的方向发展。如今，气排球、沙滩排球、软式排球、地排球等各种形式的排球运动在满足人们多元化的体育需求方面起到了良好的效果。竞技排球运动其竞争性较强，并且对人们的思想具有较大的影响，这在一定程度上阻碍了群众性排球运动的发展。通过积极扭转人们的思想观念，加强对于排球运动的宣传，使得人们对于排球运动有了新的认识，参与排球运动的积极性增加。

另外，我国为了积极推动人们认知的转变，政府积极进行排球的宣传，同时还制订和完善了相应的法律法规，打破了群众新排球运动发展的基本障碍，使得各种形式的排球运动成为了人们健身休闲的重要选择。

中国女排曾经创造了辉煌的成绩，在当时一代人思想里留下了深刻的印象。近年来，中国女排也一直保持着良好的水平，在2016年里约奥运会上夺得了冠军。良好的排球传统也在一定程度上促进了人们对排球运动的接受程度，竞技排球和群众性排球逐渐被人们所接受。现阶段，人们对休闲文化与现代体育观念逐渐认可,群众性排球运动逐渐发展起来。但是,由于大众接触新式排球运动的时间短,并且人们的价值观念正向多元化发展,从而使得人们对群众性排球的接受程度不深。如今,我国政府需要积极进行宣传和引导,使得大众深入了解排球运动的功能和价值,推动群众性排球运动的发展。①

2)我国大众排球运动的发展现状

(1)基本现状。在我国群众性排球运动发展过程中,其是由学校为中心而普及和发展起来的。学校中的学生不仅具有充足的时间,并且学校中也有相应的排球运动场地,这为学生参与排球运动提供了便利。并且,学校中开设相应的排球课,通过课程学习,学生能够掌握相应的排球运动技能。因此,学校是我国开展群众性排球运动的主要场所,学生也是重要的排球运动活跃群体。

人们在开展群众性排球运动健身时,学校体育场馆是最为重要的场所。一些企业和事业单位也有相应的排球场地,这也是人们进行排球运动的重要场所。人们在收费场所中开展排球运动相对较少,而我国的公园、社区等没有相应的排球设施,人们在这些场所也很少能够参与排球运动锻炼。

在我国现阶段,参与大众排球运动的人群中,青少年学生是其最为重要的群体。除此之外,中老年群体是参与大众排球运动健身的第二大群体。而中年人参与排球运动健身的人数最少。

在开展排球运动健身锻炼时,人们所选择的健身锻炼形式受到竞技排球运动的深刻影响,具体表现为,群众性排球运动仍然以6人制排球运动为主,其他形式的排球运动相对较少。排球运动的活动形式相对较为单一,使得其社会适应性相对不足,这在一定程度上限制了排球运动的发展。

研究认为,影响群众性排球运动发展的因素中,前三位分别为:排球自身因素、媒体宣传因素和政策因素。与此同时,经济因素也是重要的影响因素。我国对群众性排球运动的重视程度不高,在体育运动多元化发展的现状下,其他形式的群众体育运动逐渐替代了排球运动,竞技性排球运动的发展仍然要先于群众性排球运动,一些群众的排球兴趣和爱好也被忽视了。

总而言之,我国群众性排球运动的普及程度相对较低,人们对于这一

---

① 汪焱.影响我国群众性排球运动普及的主要因素研究[D].福州:福建师范大学,2003.

形式的运动比较冷淡,这是现阶段群众性排球运动发展的重要现状。促进群众性排球运动的发展,仍然需要社会各方面和相关部门的共同努力。

(2)影响大众排球发展的因素。大众健身性排球运动发展过程中,受到多方面因素的影响,具体表现在如下几方面。

一是大众排球自身缺乏一定的竞争性。大众排球运动其对抗性相对较小,这是阻碍其发展的重要因素。现代体育运动注重新异性,竞争和对抗相对较为激烈,这也吸引着青少年积极参与其中。如果缺乏竞争性,难以吸引青少年的积极参与。

二是大众缺乏对排球的兴趣。大众对于排球运动缺乏兴趣,这是群众性排球运动的重要障碍。在 20 世纪 80 年代,我国女排创造了辉煌的成绩,这也吸引了人们积极参与排球运动,整个社会具有良好的排球发展氛围。但是近年来,我国排球运动发展水平有所下降,人们对于排球运动的关注也被其他形式的体育运动吸引。而 2016 年里约奥运会上,我国女排重夺冠军,又一次促进了人们对于排球运动的关注。

三是开展活动需要一定的基本技术。在开展排球运动时,需要运动者具备一定的身体素质、技战术基础。而如果运动者没有掌握相应的技战术,很难在运动中体会到排球运动的乐趣。在参与排球运动时,如果技术水平较低,则需要频频去捡球、发球,没有漂亮的攻防,可能会对其产生厌烦情绪。因此,在开展排球活动时,运动者的技术储备对于排球运动的开展具有重要的影响。现阶段,大多数人只有在学校中才能够学到排球技术,排球指导人员较少,这在一定程度上阻碍了群众性排球运动的发展。

3)全民健身中排球运动的几点优势

(1)排球运动在全民健身中的群众基础优势。排球运动本身具有多方面的特点与价值,经常参加排球运动锻炼能够促进运动者身心的发展。对于我国而言,排球运动是全面健身的重要运动项目,对于全民健身活动的推进具有积极的意义。排球运动兴起之后,逐渐在世界范围内得到了传播。如今,排球的一些衍生运动(沙滩排球、软式排球、气排球等)也在世界范围内逐渐传播和发展。

在很长一段时间里,排球运动都很受人们的喜爱。排球运动及其比赛激发了群众的积极性,带动了排球运动的全面开展,并提高了国家、社会参与体育活动的积极性。我国排球运动的兴起与旗帜人物的重要影响作用是分不开的。"铁榔头"郎平是家喻户晓的体育明星,女排所创造的五连冠也对我国排球运动的发展和传播起到了积极的推动作用。

(2)排球运动在全民健身中的普及推广优势。随着经济社会的不断发展,人们的思想也在不断获得进步,在这一过程中,人们的生活方式也在随着思想的变化而改变。近年来,人们的健康观念不断发展,开始注重自身身体的健康发展,积极通过参与运动锻炼来促进自身身体健康状况的增强。对于很多人来说,体育运动已经成为了其日常生活的重要组成部分。

排球运动是一种保持健康的重要手段,也是人们缓解工作和生活疲劳、保持良好身心健康状况的重要方法。排球运动能够丰富人们的业余文化生活,促进身心的陶冶。

在开展群众性排球运动时,可不受场地和规则的限制。人们在开展排球运动时,只要有一个球,就能够开展简单的排球运动和排球游戏。如果没有排球场地,则人们可以围成一圈来开展运动;运动者既可以自己一个人来进行抛球、垫球练习,也可以和他人一起来开展比赛活动。

如今,随着排球运动规则的改变,人们在击球时对于击球部位的限制也较松,这就使得人们更加方便地开展排球运动。几年来,排球运动逐渐衍生出一些其他形式的运动,这些形式的排球活动更加适合进行休闲健身。多种形式的排球运动健身适合不同年龄阶段的人群进行练习,促进了健身人群的增多。

(3)排球运动具有多方面的功能和价值。排球运动具有多方面的功能和价值,通过参与排球运动,能够促进运动者身心的发展。其锻炼具有全面性,运动者参与其中,能够促进各方面的全面发展。人们通过参与该项运动,能够达到"事半功倍"的效果。

4)大众排球运动的多种形式

(1)沙滩排球。沙滩排球是最初由欧美流行起来的排球形式,这一形式的排球运动在我国起步较晚。

(2)软式排球。20世纪90年代软式排球传入我国,很快在我国就有了一定的群众基础,成为人们健身的重要项目。同时,软式排球也是我国学校体育教学大纲的重要内容之一。

(3)气排球、妈妈排球。气排球是我国本土排球运动。妈妈排球于20世纪80年代传入我国,最初是在我国一些地区的中老年人中开展的,能有效地促进中老年人的身心健康、推动全民健身计划的开展和实施。

(4)小排球、4人排球、9人排球。以上三类排球有利于培养少年儿童团结、互助、勇敢、顽强的优秀品质,促进中小学生身心的健康发展,在我国一些地区中,这几类形式的排球开展得较为普遍,受到学生们的欢迎。

第二节　排球运动的特点与价值

一、排球运动的特点

(一)普适性强

排球运动对场地的要求不是很高,一般情况下,在室内或室外都可以设置排球运动场地,只要有宽敞的空间,在地板、沙地、草地上均可举行排球运动。人们可以根据自己的爱好和兴趣自由选择各种形式的排球运动,如软式排球、气排球等。此外,排球运动比赛规则较为简单,在平时的排球健身中,人们可以约定排球规则,参加排球运动的人数比较灵活,可多可少,也可以根据自身条件合理调整运动负荷,以避免运动损伤。

(二)击球技术特点

1. 身体任何部位都可以击球

纵观各个球类运动项目,几乎所有的球类运动都对触球时的身体部位做了限制,即明确规定了合法触球部位,但排球竞赛规则比较特殊,运动员可以利用自己身体的任何部位触球。因此,参与排球运动能使人的各项技能充分表现出来,从而提升身体综合素质。

2. 空中击球且触球时间短促

只要是参加排球比赛,都必须要击空中的球。这对于提高参与者的时间感和空间感非常有利。另外,不允许击球者在击球部位停留过长时间的比赛规则则能有效促进参与者判断能力的发展和提高,提高对预定目标的控制能力。

(三)战术配合特点

在排球比赛中,双方队员都有 3 次击球机会,运动员会抓住每一次机会做好彼此间的密切配合,只有配合得当才能完成高质量的攻防转换,这能有效培养运动者的战术意识、配合意识和团队协作能力。

（四）竞赛规则特点

1. 攻防技术的两重性

排球是一项注重网上对抗的运动项目，强调对时间和空间的争夺，排球比赛注重攻守对抗，充分体现出排球攻防技术的重要性。可以说，攻与守是贯彻于整个排球比赛过程中的，这就要求排球运动员必须要熟练掌握排球基本功，并全面培养和提高自己的技战术能力。

2. 记分方法比较独特

在每球得分制的排球比赛中，发球队胜 1 球计 1 分，接发球队胜 1 球计 1 分，同时获得发球权。

二、排球运动的价值

（一）增强身体素质

大量的实践表明，经常参加排球运动能有效改善人体中枢神经系统和内脏器官的功能，对于人体力量、速度、耐力等素质的发展和提高也具有重要的作用。排球运动涉及跑、跳、投等诸多动作，在比赛中，这些动作的转换非常迅速，这能有效提高人体神经中枢的灵活性，促进人体中枢神经系统的发展。另外，排球运动非常强调时间和空间的争夺，经常参加排球运动锻炼对于人体感受器官功能的提高具有非常重要的作用。由此可见，经常参加排球运动锻炼能全面发展人的身体素质。

（二）提升心理品质

排球比赛竞争十分激烈，非常注重场上时间和空间的争夺与对抗，比赛形势往往变幻莫测，经常会出现突发状况，这就要求运动员必须在遇到突发状况时具备快速审视比赛和处理紧急问题的能力。因此，经常参加排球运动训练或比赛，能帮助运动者很好地控制自己的情绪和调节心理。如在比赛中遇到比分落后时，学会沉着冷静、不气馁；当出现连续失误时，如何使自己尽快冷静下来而且不灰心；关键比分时，如何使自己保持进攻不手软的自信心等。胜负往往在一念之间，因此在参加排球比赛的过程中，运动员的情绪是处于不断变化之中的，这对于提升人的心理素质具有非常重要的作用。

（三）培养优秀品质

排球是一项集体合作性运动项目,经常参加排球运动能有效培养人的团结合作的集体主义精神。在排球比赛中,运动者必须要随时做好准备去接对方击来的球或者去给队友补位接球,从而为下一次击球的队员创造进攻得分的机会。因此,经常参加排球运动锻炼,能很好地培养运动员团结协作的集体主义精神。

（四）增强信息意识

排球比赛对网上的争夺非常激烈,要求运动员必须要具备快速判断的能力,这在一定程度上决定着排球比赛的胜负。因此,在比赛过程中,运动员必须时刻保持注意力,认真观察场上的形势,在遇到突发状况时能做出合理的应对决策。因此,经常参加排球运动能有效增强人的信息意识,提高人们判别事物的能力。

（五）振奋民族精神

排球运动在我国有着较大的影响力,中国女排曾经对国人的精神产生过较大的影响。20世纪80年代,中国女排的"五连冠"对国人产生了极为深远的影响,在国人心中,中国女排精神就意味着拼搏精神,在当时中国女排精神极大地振奋了民心,对促进社会的发展也产生了重要的作用。由此可见,排球运动在振奋民族精神方面也具有重要的价值。

第三节　排球运动组织与竞赛欣赏

一、排球运动组织简介

（一）国际排联

国际排联是国际排球联合会的简称。国际排联于1947年在巴黎成立,经过多年的发展,逐渐成为一个世界性的体育组织。国际排联分别于1949年和1952年组织举办了第一届世界男子排球锦标赛和第一届世界女子排球锦标赛。随着排球运动影响力的不断加大,在第十八届奥运会上排球成为正式比赛项目,从此排球运动揭开了新的历史篇章。国际排联的总部最初设在巴黎,后来改为瑞士的洛桑。第一任排联主席是法国人鲍尔·

黎伯,中国的魏继中成为国际排联新一任主席。

经过长时间的发展,国际排联的会员越来越多,目前共有 220 个协会会员,成为会员最多的单项运动项目。国际排联的下属机构主要有竞赛委员会、裁判委员会、规则委员会、教练委员会和医务委员会。在委员会的领导下,国际排联组织与开展各种形式的排球运动赛事。

(二)中国排球协会

中国排球协会成立于 1953 年,它是一个具有法人资格的、全国性的、非营利性的管理排球运动的行业性群众体育社团组织。其宗旨是普及与发展我国排球运动,增强人民体质,丰富人民群众的业余文化生活,积极参与国际排联的各项比赛或活动,加强与世界各国排球间的沟通与交流,获得共同发展。

二、排球运动竞赛的组织

竞技排球运动竞赛的组织是一个系统、复杂的工作,需要各方面的积极参与与配合,无论是国际大型竞技排球运动竞赛组织,还是学校内部排球运动竞赛组织,都涉及赛事筹备、竞赛过程组织、赛后管理等几个方面,具体分析如下。

(一)赛事筹备

1. 建立组织机构

组织竞赛,首先要有相应的组织机构,一般来说,竞赛组织的第一件事就是成立筹备委员会,充分发挥组织机构的各项职能作用是完成比赛的保证。

成立竞赛组织委员会后,应设立下属的各工作部门和机构。这些工作机构负责整个竞赛过程中的各项具体事务,协助领导小组完成竞赛任务。

一般来说,结合排球运动竞赛规模的大、中、小,可以充分考虑组织机构的规模和人员比例。通常来说,大型排球比赛组织机构如图 1-1 所示,中小型比赛可酌情缩小,按照排球运动竞赛规则的实际需要确定组织机构规模大小和结构构成。一般情况下应设立负责成立赛事的组织委员会,并设立竞赛组、宣传组、裁判组、后勤组等机构,各自安排好相关工作。

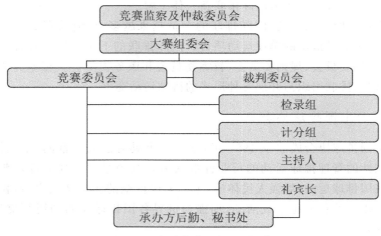

图 1-1 大型排球比赛组织机构

2. 遴选承办地

对于大型体育竞赛来说,如奥运会、世界排球联赛与锦标赛等,遴选承办地是竞赛组织的非常重要的一项工作,这项工作往往在竞赛正式开始前的几年开始。

1)承办地遴选方法

对于排球运动竞赛来说,大型赛事通常由体育组织主办,会员组织承办。赛事承办地的确定主要有以下两种方法。

(1)轮流承办。国内的排球运动赛事,体育组织对地方成员所在地的社会、经济、文化、体育设施等情况比较了解,往往会均衡轮流安排承办比赛。

(2)投票竞标。由各承办地组织统一申请,进行投标,由体育组织按照一定的规则和程序确定承办者。多适用于大型排球运动竞赛的举办,如奥运会的排球比赛,根据国际竞技比赛组织的一些制度和经验,按照体育组织所制定和颁布的申办条例,依照法定遴选程序,逐一审核承办地的综合能力,最终最高权力机构以无记名投票方式确定承办城市。

2)承办地遴选要求

合理的竞赛承办地的遴选是一个科学的工作,承办城市的最佳选择往往能促进排球运动赛事的顺利举办和进一步推广,宣传排球运动赛事及其文化。

具体来说,承办地的确定应既保证赛事的顺利实施,又有利于体育组织及其赛事在有关地区的有效宣传和发展,针对此,承办地和承办者应符合以下要求。

（1）排球运动赛事的承办地应具备一定的政治、经济实力，能够承受一定的物质消耗。

（2）排球运动赛事的承办地应制订出科学的竞选规则，对竞赛组织和管理规划应遵循发展竞赛这一原则。

（3）排球运动赛事的承办地的比赛设施和承办规模应达到竞赛组织要求，具备相应的交通、通讯和安全能力。

（4）排球运动赛事的承办地应了解比赛项目和内容，并能够在一定的时期形成特定的文化氛围。

3. 制订竞赛计划

针对排球运动竞赛整个过程的组织，应制订详实、可行的竞赛计划，并进行实践论证。

在排球运动竞赛规划中，应明确写出比赛时间、比赛地点、竞赛项目、参赛单位、参赛人数和举办单位等，要把竞赛过程中的各项相关工作任务和责任落实到部门、个人。

排球运动竞赛计划的制订应符合本地区排球运动发展需求和赛事承办能力，充分结合实际。地方举办排球运动赛事应结合上级部门的相关精神与建议，与相关部门和机构进行提前协商，确保竞赛计划的顺利开展与实施。

4. 确定组织方案

根据排球运动的竞赛特点确定具体的竞赛组织方案，在规划竞赛组织方案之前首先要进行调研。排球竞赛整个组织方案的具体确定程序如下。

（1）调查研究。赛事组织者要充分调查广大市民、受众对排球运动竞赛组织的需要和上级对本届排球运动赛事举办的要求，广泛收集资料，以保证竞赛组织方案的科学性与合理性。

（2）考察场地情况以及器械情况。对排球运动竞赛所用到的场地、设施、器材等进行检查、核实，考虑是否需要重新修建场地或者进行场地的翻新设计，器材设施配备是否完备。在比赛前将器材放到比赛场中供参赛运动员提前适应，在比赛前一天安排妥当，以便进行赛前试用。

此外，应对与竞赛相关的和非竞赛直接相关的运动员和教练员的交通、餐饮、住宿地与建设情况进行综合考察与评估，对不完善的地方进行改进。

（3）做好裁判工作。确定承担裁判工作的人员名单以及任务分工，并根据竞赛的进程,确定时间组织人员安排裁判培训。

(4)做好经费预算。根据排球运动竞赛的规模、参加人员、奖励制度等算出经费标准,上报上级相关部门。

(5)做好宣传活动。做好活动各项宣传物品,如海报、横幅等,利用多种媒体资源进行广泛宣传,如利用发布通知、张贴海报、悬挂宣传横幅、广播站广播、网站发布链接等多种方式来营造浓厚的舆论氛围。

(6)考虑竞赛的非人为干扰因素。一般性的排球运动竞赛多在室内开展,而像沙滩排球这一特殊的排球运动比赛往往在室外举行,因此应充分考虑天气状况。例如,赛事举办期间,比赛是否会受到降雨、大风、高温、雾霾、降雪等天气影响,做好应急预案。根据往年经验,早打算、早计划、早安排,确保排球赛事的顺利开展。

5. 制订竞赛规程

竞赛规程的制订是一项比较细致工作,一般包括以下几个方面的内容。

(1)根据比赛性质和内容确定竞赛名称。例如,"××年××世界排球运动锦标赛""××年××杯首届排球运动比赛"等。

(2)确定排球运动比赛的具体比赛时间(包括开幕式时间)和比赛地点。

(3)确定竞赛目的和任务。

(4)确定主办单位、承办单位。

(5)确定参赛单位、人数及分组,规划好参赛单位。

(6)确定参赛运动员的资格、报名方法。

(7)明确报名参赛手续、报到日期、截止日期等。

(8)明确竞赛所采用的竞赛办法、竞赛规则、录取名次、积分方法、奖励方法等。

(9)确定抽签日期和地点。

(10)确定录取名次和奖励办法。

(11)制订交通、住宿和经费开支等有关规定。

(12)注意事项。如运动员服装规定、参赛者资格审核办法等。

经过调查、筹备后,草拟初步方案,征求多方意见后进行改进,竞赛规程应提前下发给竞赛的组织单位或有关单位,以便各单位做好赛前准备工作。

(二)竞赛过程组织

1. 竞赛组织工作

在排球运动竞赛过程中,为了保证排球运动竞赛各项工作的顺利开展,各组织部门应认真做好本部门的本职工作,并确保各项工作落实到个人。

排球运动竞赛组织过程中,各部门任务与职责具体如下。

1)竞赛部门

(1)接受报名单。

(2)审查排球运动员的参赛资格。

(3)安排好比赛流程,明确各场次比赛的具体时间、场地。

(4)在排球比赛开始前,检查场地、设备、器材。

(5)确定技术统计工作人员,准备好各种设备。

(6)编印排球竞赛秩序册。

(7)制订并发表竞赛日程表。如比赛时间、报到日期、参赛人员食宿与作息时间安排、竞赛进行与结束。

(8)绘制成绩记录表、裁判员安排表,参赛队赛前及休息日训练场地安排表等。

(9)召集领队、教练员会议,向他们传达竞赛的具体安排,公布比赛成绩。

(10)仲裁排球运动竞赛过程中的相关争议。

2)会务部门

(1)布置赛场,宣传竞赛法规,编辑简报。安排好排球运动竞赛的转播、宣传。

(2)安排医务人员上岗,配备医疗用品。

(3)制订安保方案,落实值班人员。

(4)落实交通、食宿、票务工作。

(5)订制奖杯、奖牌、奖品。

3)场地部门

(1)检查、落实比赛场地。

(2)检查、落实器材设备。

(3)排球竞赛的其他相关物品,如比赛用球。

4)裁判部门

(1)组织裁判培训,进行职业道德教育。

(2)组织裁判员的赛前学习竞赛规程和体能测试,使裁判员能保持良好的生理、心理状态。

(3)动员裁判员加强对运动员管理,核对好运动员的成绩。

(4)记录台的工作人员要熟悉器材设备,并及时准确地反映比赛进度。

5)总务部门

(1)秘书处要做好比赛的宣传报道工作,安排运动比赛间歇的文艺表演。

（2）后勤部门要做好后勤服务工作，如食宿安排、物资供应、交通调度、安全保卫、医务保障等。如对于即将进行比赛的运动员进行通知；成立医务小组，备好医疗用品等；医务人员应深入比赛场地，及时对运动员进行处理；安保人员应做好比赛场地的治安工作，不要让无关人员随便进入比赛区。

（3）财务部门要做好财务管理工作，掌握收支、控制标准、执行预算等。

2. 竞赛服务工作

竞赛期间，需要对非竞赛内容进行组织管理，这部分工作虽然与比赛没有直接关系，但会影响整个竞赛的开展，通常被视为竞赛服务，具体工作如下。

1）赛事服务

（1）竞赛期间检查、保养和维修场地、器材、设备。

（2）竞赛期间进行参赛人员食品卫生检查。

（3）对住地和赛场休息室进行相应的封闭治保，保证参赛人员的休息和安全。

（4）组织好每次比赛后的新闻发布会，安排好每场比赛中间歇时间内的表演。

（5）为参赛人员提供某些特殊的服务项目。

2）观众管理

做好文明观赛的宣传工作，引导观众讲礼貌、守纪律。教育观众文明观赛事，理智对输赢，不乱扔废弃物等。

针对竞赛期间观众可能出现的过激行为做好应急预案，并组织好安保和疏散工作。

3）开幕式、闭幕式的管理

任何一场体育赛事都会举办开幕式，排球竞赛也不例外。排球比赛开始之前，应举行隆重热烈而又简短的开幕式，做到扩大排球运动的影响、提高排球运动的社会地位、加强排球运动员的责任感，起到促进排球运动发展的作用。

开幕式的组织程序具体如下。

（1）司仪介绍参赛领导、来宾。

（2）宣布大会开始。

（3）评判员、运动员入场。

（4）介绍仲裁委员会、评判长、裁判员。

（5）有关人士致开幕词。

（6）裁判宣誓。

（7）运动员宣誓。

（8）评判员、运动员退场。

（9）宣布比赛开始。

闭幕式的组织程序具体如下。

（1）宣布闭幕式开始。

（2）运动员入场。

（3）总裁判长宣布比赛成绩。

（4）颁奖。

（5）运动员退场。

（6）宣布大会闭幕。

（三）赛后管理

排球运动比赛结束后，对于竞赛组织者来说，工作并没有结束，还需要在赛后完成一些后续工作，主要包括以下几方面。

（1）做好颁奖仪式相关工作，组织闭幕式平稳进行。

（2）相关人员发表讲话，体育竞赛活动圆满结束。

（3）各部门做好总结性工作，按时提交相关文件，归档。

（4）将比赛用的器材等设施收回，做好场地交接工作。

三、排球运动赛事欣赏

排球运动赛事具有较高的观赏性，现代竞技排球运动赛事技艺性高超，各明星队员特点突出，使得竞技排球运动赛事的观赏性进一步得到了加强。此外，排球运动是集体运动项目，运动员之间的完美配合和相互鼓励、协作更能令观众震撼。竞技排球运动赛事非常值得观众为之欢喜、紧张、共勉。

要学会欣赏排球赛事，做好赛事欣赏准备，明确在观看排球运动赛事过程中，有哪些内容是最有欣赏价值的，重点分析以下几方面。

（一）排球赛事欣赏准备

1. 熟悉最新排球比赛规则

对于竞技体育比赛的欣赏来说，了解比赛规则是赛事欣赏的一个重要前提。

对于观众来说,在观看排球比赛时,如果不了解比赛的基本规则,便会感到一片茫然。观赛者了解最新竞赛规则,可以有效避免在比赛过程中由于看不懂竞赛规则而影响比赛欣赏过程。

在一些国际大型排球运动竞赛中,竞赛规则的规定非常严格,而在其他一般性的排球运动竞赛中,如双边友谊赛,比赛中对于每方上场的替补队员人数、比赛时间、决胜方式等内容,可经双方协商。因此,在不同的排球竞赛中,具体的竞赛规则有一些差别,这些需要观赛者提前了解,以便更好地观赛。

观众了解排球运动竞赛规则,可以通过以下两个途径进行。

(1)大型排球运动赛事规则,可以通过有关专业书籍去获得,或在赛事发布的官网上获悉相关内容。

(2)小型排球运动竞赛的举办,尤其是规则有调整和变化的排球运动竞赛,应适时地通过各种媒介去掌握,如关注竞赛主办方的网站对竞赛的公布等。

无论是哪一类排球竞赛,最基本的竞赛规则内容是不变的,变的只是个别内容和环节,应做到心中有数。

2. 了解运动员技战术风格

对于一些热爱排球运动的人来说,有些球迷是固定排球队的忠实球迷,因此在欣赏排球赛事过程中,了解所支持队的运动员的技战术风格,会提高赛事欣赏水平。

对于初次欣赏排球运动比赛的排球爱好者来说,应在赛前花费一些时间了解对抗双方运动队员的技术风格和战术风格,与属一种风格两支球队的对抗相比,两支不同风格的球队同场竞技,比赛更具观赏性。此外,摸清参赛双方过去交锋的成绩对于当前的排球运动竞赛欣赏也有很大的帮助。

3. 了解对阵双方球星阵容

明星球员受关注度广,有时能直接关系到比赛的上座率及比赛的精彩程度。有很多球迷就是为欣赏自己所喜爱的球星在赛场上的表现而去观赛的。

在现代排球比赛中,真正的世界级球星会以自己出众的球技使他所在的球队在竞争中处于有利位置。不同的球星具有不同的个性特点和排球打法,他们对于整个球队的比赛调度具有重要的影响作用,一个排球队中有无球星和球星的阵容、数量,都会影响一场排球赛的精彩程度。

在2016年里约奥运会中,中国女排的优秀表现备受关注,赛后,更是诞生了一些明星球员,如惠若琪、朱婷、张常宁,她们的良好表现使更多的年轻人开始关注排球运动,在有她们参加的比赛中,了解这些运动员的特长技战术,对于提高球迷的观赛水平来说具有重要的促进作用。

4.赛前提早入场,对号就座

提前入场是欣赏比赛的一个基本原则,任何体育竞赛都是如此,排球运动竞赛也不例外。

在排球比赛正式开始前,观众应提前进入球场,先感受一下那种场面、气氛,并适应场上环境,为接下来的排球运动竞赛做好良好的情绪铺垫。

随着现代竞技排球竞争的加剧,排球运动比赛中经常会出现双方焦灼的对球的争夺状态,更有在比赛一开场就有精彩的扣球瞬间出现,如果错过将会非常遗憾。

此外,如果正点或晚点进场,球赛已经开始,有可能影响运动员的临场发挥或其他观众观赛,是对他人的不尊重。

(二)排球赛事欣赏内容

1.运动员的赛场表现

1)运动员身体美的欣赏

观赏比赛,运动员的身体形态是第一印象。具体来说,对运动员的身体美的欣赏有以下几点。

(1)强壮美。排球运动员的高大身材、充满活力等。

(2)体型美。排球运动员身材修长,形体匀称、和谐和举手投足方式等方面均是欣赏的内容。

(3)素质美。排球运动比赛多手上扣球、托球,大力发球,因此运动员的力量、速度、灵敏性都是重点欣赏内容。

(4)风度美。排球运动中的一些运动员不仅运动技术高超,而且仪表端正,风度翩翩,女子排球更是给人高尚、典雅的感觉。

2)运动员运动美的欣赏

(1)动作美。在排球比赛中,运动员需要时刻进行近网和各个场地位置的移动,运动员的漂亮救球动作更是能引起全场欢呼。

(2)技术美。现代排球运动技术发展快速,观赏排球运动员的排球技术的高、难、险、新,以及各个技术动作组合中的动作的平衡性、协调性和节奏感都是美的享受。

(3)战术美。排球运动比赛中,要注意主攻、副攻、一传手、二传手等重点位置运动员的相互配合,观看他们是如何对待困难球的处理的,是如何调配力量传扣球而克敌制胜的。

3)运动员的比赛风格欣赏

欣赏排球运动比赛,还应关注运动员的思想风格、道德修养、行为作风等。

2. 球星的高超技艺

在排球比赛中,球星是往往是球队的核心力量,其高超的技术、充沛的体能、创造性的思维和丰富的想象力等的发挥促成了一个又一个传球、助攻、扣杀的完成。球星在队中是少数,但关键时刻他们都能稳定军心、力挽狂澜、反败为胜、出奇制胜。仔细欣赏球星们的表演,能给观众许多启发。

球星不是排球运动比赛的决定性影响因素,但是球星在比赛中的作用是巨大的。在排球运动这一集体性的竞技体育比赛项目中,不是个人表演,但激烈的排球比赛中,球星对全队气势、节奏、配合等的调度是非常重要的,激烈程度越高,球星的作用越明显,这种将个人融于集体中的特点非常突出,比赛越激烈,越能看到球星表现与比赛胜负关系的相关性,球星与其他队员的完美配合也是排球运动竞赛的重要欣赏内容。

3. 教练员的临场指挥

排球比赛允许教练员叫暂停和进行场边指导,在比赛过程中教练员对场上阵型的安排,关键时刻的场上指导等,都对比赛具有重要的影响。

例如,在2016年里约奥运会女排决赛中的第二局,中国女排发挥稳定,但塞尔维亚队并未放弃,比分被追到14比20时,郎平叫了暂停,她对队员们做双手下压的手势,告诫队员不要急。布置战术时,更是霸气又不失幽默,暂停很及时,中国队及时稳定情绪,在之后的继续比赛中步步紧逼,顺利赢取第二局胜利。随后,中国女排的姑娘们一鼓作气,最终取得了本届奥运会女排冠军。

排球比赛中,通过看教练员的临场指挥,也能给观众带来运动美的享受。

4. 裁判员的公正裁判

在竞技体育运动比赛中,裁判员工作的执行情况对比赛结果具有重要的影响。

排球比赛期间,裁判员水平的高低和执法是否合理,关系到一场比赛是否能顺利进行。如果裁判员准确判罚,耐心解释,真诚劝解,既可以科学把控场上局势，又能得到参赛双方的理解和尊重，有利于对抗双方实战水平的正常发挥。

一名优秀的、高水平的、执法公正的裁判员，应是一名善于处理赛场复杂情况的能手，能控制比赛双方的过激情绪，及时判罚比赛禁止行为，并正确处理场上的关键球和有争议的球，做到在整个执行裁判工作过程中，让运动员、观众心服口服。

因此，在排球运动比赛中，裁判员是否公正执法也是观众欣赏比赛的一个重要内容。

（三）赛事欣赏中的自我约束

欣赏排球运动赛事，观众应听从赛事组织人员和场地服务人员的指挥和提示，做到以下几点。

（1）遵守秩序。遵守球场的纪律，提前准时入场，自觉维护球场秩序和卫生。

（2）文明观赛。有节制地为主队助威，热而不狂，避免出现不文明语言和行为。

（3）端正心态。正确对待比赛的胜负。比赛中，只要运动员全力以赴、拼搏到比赛的最后一刻，都值得人们尊敬，比赛结果重要，比赛过程中运动员的付出也值得称赞。

（4）听从指挥。排球比赛场面大，观众多，遇到突发事件时，不要慌乱，要听从工作人员的指挥和安排。

第四节　排球竞赛规则

一、比赛方法

排球比赛是两队在有球网分开的场地上进行的比赛，每队 6 人。比赛由后排右边的队员发球开始，直至球落地、出界、某一队员犯规（违例）。

在比赛中，每队可击球 3 次（拦网时除外）将球击回对方场区，一个队员不得连续击球 2 次。

排球比赛一盘为五局三胜制、三局二胜制，一个队赢得 25 分，同时超过对方 2 分时胜一局。

二、发球犯规

（一）正确发球

发球队员击球前在本方端线后，也可以有助跑或跳起，一手将球抛起，另一只手（张开或握拳）或手臂的任何部位将球击出。

（二）发球犯规

(1)击球时脚踏及端线或踏出两边线延长线。
(2)未将球抛起或未使球清晰离手即击球。
(3)双手击球或用单手将球抛出、推出，以及用臂以外的身体部位击球。
(4)发球队员未能在裁判员鸣哨后 8 秒钟内将球发出。
(5)发球队进行个人或集体发球掩护。
(6)发球队的队员站在场外或踏出场区界线。
(7)发球次序错误。

（三）发球失误

(1)发出的球触及任何物体或发球队的队员，球没有过网。
(2)发出的球触及标志杆，未从过网区域越过。
(3)发出的球触及本方队员或落在对方场外地面上。

三、持球、连击的判断

（一）持球

击球时没有将球清晰地击出或触球时有较长时间的停留（如捞捧、推掷、携带等），则判为持球犯规。判断持球的主要依据是接触球时有较长时间的停留。根据比赛队水平可适当放宽，但前后尺度需一致，双方一样。

（二）连击

一名队员连续击球 2 次或球连续触及他的身体不同部位，则造成连击犯规（拦网除外）。但在第一次击球时，除上手传球外，允许身体不同部位在同一击球动作中连续触球。

四、网上球的判断

(一)过网击球

在对方场区空间内击球为过网击球犯规。判断过网击球犯规的依据是击球点是否在对方场区间。如击球点在本场区上空,击球后随球过网是允许的。

(二)触球出界

指球触及拦网队员的手后出界。

(三)触网

比赛进行中,队员触及 9.5 米以内的球网或标志杆,则判为触网犯规。如果扣球队员将球击在网上,由于球的压力使球网触及对方队员,不应判对方队员触网犯规。双方队员同时触网,应判对方触网犯规。

(四)过网拦网

对方完成进攻性击球以后,过网拦网是允许的,但是在对方击球前和击球时不允许过网拦网。

五、暂停与换人

只有在比赛成"死球"时,经教练员或场上队长请求,裁判员才允许暂停或换人。每局中,每队可以暂停 2 次,每次暂停的时间为 30 秒钟。暂停时间从裁判员鸣哨开始计算。

每一局可以替换 6 人次(一名队员下场另一名队员上场为一人次)。

每局开始上场的队员,只能退出比赛一次。在同一局中,他再次上场比赛时,只能回到该局中替换他的人的位置。自由防守球员不受限制。

六、其他

(一)过中线犯规的判断

比赛进行中,队员整个脚或身体的任何部分越过中线触及对方场区时为过中线犯规。但队员的一只脚或双脚越过中线触及对方场区的同时,脚的一部分还接触中线或置于中线的上空是允许的。

（二）界内球

球落在场区以内(包括场地界线)的任何地面上,以球的整体垂直投影线为准。沾边算界内球。

（三）界外球

球的整体垂直投影未落场地内。另外,球触及标志杆,从标志杆延长线高度上空,以及从标志杆外过网,应判为界外球。

第二章 排球运动技能形成的学科基础

排球运动的开展离不开运动员所掌握的排球运动技能,而这种技能的形成并非易事。为此,就需要对与排球运动技能形成相关的学科基础理论进行研究,如此会对运动员技能学练起到事半功倍的效果。具体来看,与排球运动技能形成有关的学科包括运动生理学、运动心理学、生物学以及生物力学。

第一节 运动生理学基础

一、新陈代谢基础

(一)糖代谢

就营养物质对人体的重要程度来说,糖是最为重要的营养物质之一。糖之所以如此重要,主要在于它是人体运转能量的提供者。根据不同糖的来源,可以将其分为动物糖和植物糖。身体对于糖原是可以储藏的,根据储藏位置可以命名为肌糖原或肝糖原,顾名思义就是储存在肌肉中的糖原或是储存在肝脏中的糖原。除此之外,人体内的异生作用也可以产生糖。上面所述的内容就是人体中糖的两种合成代谢过程,即人体合成糖原的过程和糖异生的过程。

人体内糖代谢过程的类型包含有氧氧化过程、糖酵解过程、乙醛酸、戊糖磷酸等途径。这几种糖代谢过程基本就可以满足正常的人体需求了。

排球运动对人体能量的消耗较大,随着运动的进行,肌肉中的三磷酸腺苷(ATP)、磷酸肌酸(CP)含量大降。肌糖原无氧分解使供能有一定的增强,这无疑是一种对能量在运动中损耗的弥补。在消耗过程中,连同生长激素、甲状腺激素、雄性激素、儿茶酚胺等激素也有所变化,种种这些变化都会对肌细胞产生作用,以使肌细胞产生适应性变化。而这种机理也就是运动超量恢复理论的依据。

一般情况下,人体内的糖始终会处于一个相对平衡的状态,不平衡的糖储量终归对人体的正常运转会产生不利的影响。包括排球运动在内的许多运动,如果是处于有氧状态下开展时,机体的肌糖原或葡萄糖就会被彻底氧化分解成水和二氧化碳,并释放能量,这就是糖的有氧代谢,这也是最常见的运动中的糖代谢方式。

（二）蛋白质代谢

蛋白质是构成人体的基础物质之一。之所以如此强调蛋白质的重要性,主要在于它是人体细胞的主要构成成分,氨基酸是构成蛋白质的最小单位。

事实上,人体内的蛋白质和一些含氮物质的含量并不是稳定不变的,它们会随着人体代谢进行分解与再合成。确定人体蛋白质代谢状况的方法主要为测定食物中的氮含量和尿液中排出的氮量。正常人体的蛋白质代谢状况与组织的生理活动是基本一致的,也就是摄入氮与排出氮的量基本相同,这就是氮总平衡状态。不同年龄段的人的氮量可能出现一些不平衡,如处于生长发育期的少年儿童,其组织细胞中蛋白质的合成大于分解,这就是氮的正平衡状态。而那些长期处于分解状态下或患有消耗性疾病的人其体内的蛋白质分解就明显地加强,摄入的氮少于排出的氮,这就是氮的负平衡状态。

包括排球运动在内的许多体育运动对于人体蛋白质的代谢可以产生积极的影响。这些影响主要在于机体的运动可以促进蛋白质供能,从而刺激蛋白质代谢,还有就是运动可以使骨骼肌蛋白质合成增加,最直观的结果就是肌肉看起来更加粗壮。

（三）脂代谢

脂肪是人体的几个重要供能物质之一,其主要来源于动物脂肪和植物油,其通常是在有氧的状态下被激活然后开启供能模式的。人体的许多方面都受脂代谢的影响,因此脂代谢是否正常和平衡在一定程度上决定着人体的健康程度,而运动就是有效改善人体脂代谢状况的方式。通过吸收贮存在体内的脂肪所处的位置多为皮下、大网膜、肌肉细胞中等脂肪组织内等。

脂肪具有疏水性。这种特殊属性使得其要想在水环境中酶解,就需要借助机体自身的以及随食物摄入的各种乳化剂来形成乳浊液。从这点上看,很明显能了解到要想动用脂肪供能还要比糖的供能多一些环节,如此就使得脂肪供能不会成为身体供能的首选。

脂肪在身体中被分解后会形成甘油、游离脂肪酸和单酰甘油。脂肪在体内的吸收方式有血液和淋巴两种途径,当然以淋巴途径的吸收为主。

脂肪代谢产生的能量最终也是供给人体运动所需的,只是其被激活参与供能的时间较晚,因此它的供能倾向主要是针对那些如长跑等长时间中低强度的运动,并且需要有氧的条件。

脂肪的分解代谢步骤具体如下。

(1)脂肪分解成甘油和脂肪酸。

(2)甘油和脂肪酸进一步分解成二氧化碳。

(3)生成二氧化碳和水。

转换为分解式为:脂肪三磷酸腺苷+二氧化碳+水。

(四)其他物质代谢

上面提到是人体重要的营养物质及其代谢方式。除了上述三类外,人体内还有其他物质代谢形式,如维生素、水和无机盐代谢。

1. 维生素代谢

维生素属于小分子有机物,它的主要作用是维持人体正常生长发育和代谢。这里有一点需要做特殊说明,那就是人体内的维生素不能通过人体内部合成,如此一来,对于维生素的获取就需要通过从外界摄入的方式。食物,是获得维生素的主要来源物质。

维生素并没有一个统一的结构。从能量的供应角度上看,维生素并不能作为提供能量的物质,但它的重要作用在于它是能量代谢及能量调节过程的必需参与者。例如,人体中辅酶的构成就需要不同类型的维生素参与。缺乏维生素就会导致酶的催化能力降低,进而衰减人体的运动能力。

2. 水代谢

水是人体的重要物质,人体体重的70%是水。水是组成生物体的重要成分,是维持生命正常运转的必需物质。人体内的水需要始终保持平衡才行。从获得水的方式来说,主要是通过进食摄入。当然人体内的物质代谢过程也会产生一些水,不过这个量非常微小,远远不能满足人体对水的正常需求。人体内水的排出形式主要是通过肾脏以尿液的形式排出体外,其次是通过皮肤出汗、呼吸以及随粪便排出。

3. 无机盐代谢

人体所需要的无机盐数量并不多,无机盐属于一种微量元素,人体获得这些元素则需要通过进食来完成。无机盐元素在体液中会被解离为离子,称为电解质。无机盐存在的意义在于调节渗透压和维持酸碱平衡。阳离子和阴离子是离子在体液中的两种类型,这些物质在人体的细胞代谢活动中具有重要作用。

无机盐的种类很多,不同的无机盐被人体吸收的程度不同,如钠、钾、铵盐是比较容易被吸收的一类,属于一般单价碱性盐类,而多价碱性盐类型的无机盐被吸收就很慢。还有一类无机盐除了在特定催化下外,基本不会被吸收。钙对于人体骨骼健康非常重要,而要想很好地吸收钙,就需要在维生素 D 的帮助下才行。

二、人体的供能系统

(一)磷酸原系统

磷酸原系统是通过 ATP 分解释放能量,此后 CP 再分解放能用以生成 ATP 的系统。这是一个非常快速的过程,在这个过程中不需要氧气的参与,在产生物中也没有乳酸。人体肌肉中 ATP-CP 系统储备的能量只能持续 8 秒钟左右的运动时间,因此就具有供能总量不大、持续时间短暂的特点。但它的优点是能立刻供能,同时也是细胞唯一能够直接利用的能量,就能量输出功率来说也是最高的。

(二)糖酵解系统

当人体在较大运动负荷条件下运动超过 10 秒后,磷酸原系统的供能就不能再支撑机体的运动所需了。此时,糖酵解系统被激活,成为支持运动的能量供应方式。

糖酵解的基本原料就是原本储藏在机体内的肌糖原,其在把葡萄糖分解成乳酸的过程中生成 ATP。

(三)有氧氧化系统

有氧氧化是人体在氧供应充足的情况下,运动所需的 ATP 便主要由糖、脂肪的有氧氧化来提供。这一过程能够为身体提供大量的能量,如此就确保了肌肉较长的工作时间和状态。人体心肺功能状态如何直接决定有氧代谢的能力,这也是人耐力素质的基础。

三、人体的运动系统

人体的运动系统包括肌肉、骨骼和关节三大部分，对每个部分的具体分析如下。

（一）肌肉

肌肉对于人体的运动系统可谓是最关键的部分，它是提供人体力量的直接动力来源。

肌纤维是构成肌肉的最基本单位。肌束由众多肌纤维有序排列而成，外面包裹有肌束膜，然后众多肌束再经过有序排列构成一块块的肌肉。肌肉中的主要成分是水，约占肌肉总物质含量的 3/4，另外的 1/4 是由能量物质、蛋白质、酶等固体物质构成。肌肉中存在有数量众多的毛细血管网及神经纤维，毛细血管网的作用就是为肌肉供应大量所需的氧气和养料，使神经协调得到有力保证。

人体肌肉构成包括肌组织和结缔组织两个类型。肌组织是肌肉的主体部分，也是肌肉收缩的成分，人体运动动作的完成就是依赖于肌组织的收缩与放松；结缔组织则是肌肉的弹性成分，它与肌肉中的收缩成分并联或串联着。肌肉的收缩方式有向心收缩、等长收缩和超等长收缩三种。

如果以肌肉所处的位置和功能作为依据，还能做一些分类。对于运动系统来说，起到最关键作用的就是附着于骨骼上的骨骼肌。从数量上来看，骨骼肌的数量最多，在人体内分布最广。大多数人的骨骼肌有 400 多块，其体重占比由于性别、年龄等差异也有不同，一般来说，成年男性约占 40％，成年女性约占 35％。骨骼肌的运转依靠神经系统的支配，在肌肉获得神经信息的调动后产生动力，该动力牵动骨骼共同运动，如此就构成了人外在的某个动作的完成或是维持某一静止姿势。

（二）骨骼

骨骼是人体运动系统中的重要构成部分，它对于包括排球运动在内的几乎所有体育运动的意义都非常重大。事实上，骨骼除了是运动系统中不可或缺的部分外，其还有很多其他重要功能。

1. 支持功能

骨骼的支持功能得益于骨与骨之间的相互连接，如此使人体构成一个整体，骨骼是人体的"支架"，这样就使得人体外在具有一个相对稳定的形态,还可以使体内的脏器拥有较为稳固的位置,还能使血管和神经有规律地定向执行循环和传导功能;另一方面,其支持功能还体现在对身体局部或整体的重量的支持。

2. 保护功能

骨骼构成了人的整体轮廓,实际上这也给轮廓内的器官予以保护。

3. 造血功能

骨骼是人体重要的造血器官,这是骨骼的内部构成决定的。骨骼中的红骨髓可以制造红细胞。

4. 物质储存功能

骨骼中含有骨盐成分,其中包含的钙和磷会参与到体内钙、磷的代谢,处于不断变化的状态,因此骨还是体内钙、磷的储备仓库。

(三)关节

对于排球运动来说,几乎所有的技术动作都有关节的参与,可见关节是运动行为不可或缺的组成部分。关节的作用在于被骨骼肌牵引下的肌肉带动的骨骼需要满足某运动环节(指两个相邻关节之间的部分)的要求绕关节的某一轴运动,如此才能完成这一动作。没有关节的参与,就不能做出复杂的技术动作。

就排球运动技术的特点来看,如果长期参加排球训练需要做好对关节部位的保护,做好相应的医务监督工作,以尽量防止由于大负荷训练导致的关节损伤等运动性疾病的发生。

第二节　运动心理学基础

一、认知心理学

人的基础认知能力是天生的,但在后天的生长过程中也会因各种环境因素而提升或下降。排球运动可以给人的认知能力提升带来一定的帮助。

开展排球运动的环节很多,除了常见的训练和比赛外,还有许多基础知识和实践操作性知识的传授。由此来看,排球运动的训练过程实际上也是一种促进运动员认知能力发展和提高的过程。

运动员对排球运动的训练等行为普遍会建立起特有的感知、理解、体会、巩固、运用以及评价等认知活动。因此,教练员要想让自己的执教行之有效,就需要对运动员在这些方面的认知活动过程有深入的了解,并且在符合运动规律的基础上引导运动员的认知。这样才能让运动员对训练意图领会得更加深入,以及从不同角度激发运动员的运动兴趣。

二、个体的动机

(一)动机概述

1. 动机的概念

动机是一种人的个体心理活动过程,它是推动个体展开某种行动的主要驱动力。动机的重要性就体现在对个体的驱动作用之上,并且还能引发维持某种行为的思维,以此满足个体的某种想法和愿望。行动,是判定个体动机最终结果的唯一标准。

2. 动机的作用

(1)始发作用。动机的始发作用在于它是引发个体某个行为的驱动力。

(2)强化作用。对个体对某种行为的参与或拒绝做出程度性的加强,就是动机的强化作用的体现。而这种"强度"实际上就是个体对刺激的反应程度。例如,在条件基本一致的情况下,有些人就能坚持一项运动达十年之久,而有些只能坚持两三个月。这就是动机的强度问题。

(3)指向或选择作用。动机可以引导个体活动的方向。所谓的"方向"是个体对行动目标的选择,即个体出于什么样的原因选择参与某项活动。

3. 动机的分类

根据不同的分类标准,可将动机分为以下几类。

1)根据需要的性质分类

(1)生物性动机。以满足人的生物需求为基础的动机,如温饱问题等。

(2)社会性动机。以满足人的社会需求为基础的动机,如与他人的沟通、获得尊重等。

2)根据兴趣的特点分类

(1)直接动机。以兴趣为基础的动机就是直接动机,兴趣来源于对事物本身的喜爱。例如,有些人参加排球运动是因为喜欢这项运动,并认可在运动过程中可以促进身心健康的理念,进而从中找到快乐和成功的感觉。

(2)间接动机。以间接兴趣为基础的动机就是间接动机,这种间接的兴趣主要为结果带来的积极体验。例如,有些人参加排球运动并非真的对这项运动有多么浓厚的兴趣,而只是更为看重通过参加这项运动能够结识某个关注的人,或是单纯想体会胜利的感觉。

3)根据情感体验分类

(1)缺乏性动机。缺乏性动机的产生主要是源于趋利避害的思维。这种动机的强弱与危机的存在强度有关,只要危机减弱或消失,动机就会随之减弱直至消失。例如,某位运动员在队中的作用被更有实力的运动员所取代,为了保住自己在球队原有的地位,就会更加严格要求自己,以夺回原来的位置,而一旦成功后,之前的努力训练便不再继续。

(2)丰富性动机。丰富性动机是以经验享乐、获得满足、有所成就和创造等欲望为特征的动机。丰富性动机更在乎对新事物的追求,一旦目标达成,新鲜事物就缺乏了新鲜感,动机就会减弱。

4)根据动机来源为标准进行分类

(1)外部动机。外部动机的来源为外部客观环境。对于现代人来说,所谓的外部客观环境大多数为社会环境,个体通过参与活动获得一定的外部奖励或避免惩罚,获得某种社会性需要。例如,某人参加排球运动的动机也许是为了获得别人的认可,或是为自己热爱的团队夺取荣誉等。

(2)内部动机。内部动机的来源为内部主观因素。总的来看,人的内部动机是生物性需要的正常反馈结果,更多的是为满足自身需求存在的。例如,运动员为了展示自己的特长、体现自己的价值而积极参与到包括排球运动在内的多种体育运动当中,从而体验成功或荣誉。内部动机是汲取内部力量的动机,所获得的成功感对个体的精神是一种非常有效的激励和鼓舞。

(二)动机理论在排球运动中的应用

通过正确的运用,可以使动机理论在排球运动中发挥出非常有益的作用。例如,教练员可以通过分析不同球员的运动参与动机来有针对性地制订相应的训练计划,并且用不同的激励法强化运动员的动机,并为这种学习动机的达成积极创造条件,使运动员完成排球运动任务。

通过前面对动机类型的分析可知,影响运动员动机的条件主要为内部和外部两种。从内部动机条件来说,就是运动员的"需要",它是引发其行为产生的根本动机,由此产生强烈的愿望和推动行为的力量,从而引起人的活动。从外部条件来看,动机的产生来源于"环境",包括生物性刺激和社会性因素的刺激,这种刺激能对人产生重要的影响作用。

　　排球队中的队员众多,每个人参与这项运动的动机并不完全相同。为此,教练员就需要根据不同运动员的动机形成因素,通过针对性引导,"对症下药",为继续激发运动员的积极动机创造良好的环境条件,使运动员始终保持活跃的思维和高昂的斗志。

三、人的情绪、情感

　　有研究表明,只要是参加排球运动的人,不论他是长期参与还是临时参与,都能从排球运动中获得良好的情感体验。还有研究表明,大多数的成功人士除了具有足够的能力之外,他们的成功还在于拥有较高的情商,这种人大约占 80%。通过参加排球运动可以带给人们良好的情感体验,这种体验无疑是积极向上的,如此也会给人的心理以正面的反馈。通过参与排球运动,可以使复杂的情感表现相互感染,相互融合,从而有利于人们宣泄不良情绪,或是暂时将不良心理状态转移开。通过这种丰富的情感体验刺激,可以促进人情感的成熟,提高个人情感的自我调节能力。由此可见,参与排球运动对人的心理情绪调节和改善个人情感状态有良好的作用。

　　参加排球运动后会让人产生长期和短期两种情绪效应。如果是随性参与排球活动,短时间可以获得放松心理、疏解压力等良好效应。而对于长期参加系统训练的排球运动员来说,可以有效改善人的情绪并增进个人情感的控制能力,并且还对人的交际沟通能力的提升有所帮助。

四、人的意志品质

　　排球运动对人的意志品质的培养有明显作用。排球比赛中经常会处于被动落后的局面,在面对如此不利的局面时,除了正确使用技战术外,还有就是依靠意志力的作用,使运动员个人乃至球队一起顶下来。

　　"明确目的"和"克服困难"是培养意志品质的两个重要条件。凡是参加排球运动的人基本都有着明确的参与目的,在运动中有许多情况都可能会给他们的目标实现造成阻力,这就需要他们要常常克服各种主客观困难。为了克服这些困难,在日常的训练和比赛中就要对运动员的意志品质进行培养。例如,在训练中就要对运动员有潜意识上的引导,让他们养成不怕困难、正确面对困难和想方设法解决困难的思维,以使他们始终保持充沛的精力和顽强的毅力来实现原有的运动目标。

五、人的认知能力

人的认知能力受到多方面影响而表现出程度上的不同。具体来看,遗传是影响人的认知能力的因素之一。此外,认知能力还受年龄、心理和外界环境等因素的影响。排球运动对人的认知能力有着非常重要的促进作用,在排球运动中,运动员需要对场上的局势等多种环境做出正确、迅速的感知和判断,并以此为基础做出相应的身体和思维上的调整,以便高质量地完成技战术动作。这就使得那些长期从事排球运动的人思维更灵活、反应更迅速、行动更敏捷。此外,长期从事排球运动可以提高个人智力水平,也可以提高个人的记忆、注意力、思维、反应和想象等能力,还可以稳定情绪,使性格开朗、延缓衰老等。

第三节　生物学基础

排球运动中动作多样,动作的随机性也较强,需要运动员审时度势选择各种技战术。但不论排球运动技能中的动作多么复杂,其也都是在生物学基础的范畴下实现的。确切地说,当技术最终形成后都成为了一种运动性条件反射。

一、条件反射与非条件反射

(一)条件反射与非条件反射的概念

1.条件反射

条件反射,是指原本没有联系的行为由于长期以某种关系同时出现导致的当其中一个行为出现后自然联系到另一个行为出现的反应。实际上,这是一种有机体因信号的刺激而发生的反应。

对包括人在内的所有高等生物来说,条件反射出现的基础都是非条件反射,条件反射可以通过一定的训练获得。对于人来说,最常见的条件反射就是看到食物时会增加唾液的分泌,这就是一种条件反射。训练条件反射的方式并不复杂,即将任何本质上没有关联的刺激多次结合后重复,达到一定次数后,基本上就可以建立起条件反射。所以说条件反射可以是多种形态的,组合方式也较为多样。而这种建立条件反射的过程实质上是一种强化的过程。

但是,需要注意条件反射会因为强化行为的减弱而逐渐减退,这称为条件反射的消退。因此,要想稳固条件反射,就需要在其被建立后依旧给予足够的强化。例如,学生对新知识的学习实际上就是一个建立条件反射的过程,为了使新学到的知识得以巩固,就需要不断反复练习。这点对于从事体育运动的运动员来说更加明显。

2. 非条件反射

非条件反射,是指生物体生来就具有的先天性反射。非条件反射是一种外界刺激和机体反应之间的固有联系,因此其级别较低,有固定的反射途径。

常见的非条件反射如眨眼反射、膝跳反射、婴儿吮吸等。再如,当人吃到一些味道较酸的食物后口中的唾液分泌会增多。

(二)条件反射与非条件反射的区别

见表 2-1 所示。

表 2-1　条件反射与非条件反射的区别

条件反射	非条件反射
①通过后天学习形成的个体反射活动	①先天的、遗传的反射活动
②必须有一定的条件	②不需要特殊条件
③必须有大脑皮层参与活动	③没有大脑皮层参与活动也可
④暂时的神经联系	④有固定的神经联系
⑤数量多	⑤数量很少

二、排球运动技能条件反射形成的生理机制

排球运动技能的复杂性是指在完成某一排球技术动作时,有多种分析器参与活动。以发球为例,发球并不只是手上的动作,这个动作的完成首先依靠视觉,对抛球高度和击球点有一个判断,然后依靠触觉感受起跳的力以及手击球时对球的控制感,然后是由本体感受器感知身体各部分的协调用力,最后由前庭分解器维持腾空后的身体平衡和稳定的下落。

排球运动技能的连锁性,是体现出运动技能中很多技术是环环相扣的,连接较为紧密,前一个动作的完成对后一个动作的完成构成影响。

排球运动技能的本体感受性在于完成任何技术动作都需要人体整个运动系统及其他很多系统的协助。这也就是为什么排球运动技能也被称之为运动性条件反射的原因。

在了解了排球运动技能形成的条件反射机制后,可以知道对于任何排球技能的获得都是在意识的支配下实现的。技能形成的过程就是通过足够量的动作训练和经验积累。实际上,大多数体育运动项目的运动技能都是通过这种方式获得的。

三、建立排球运动技能条件反射的条件

(一)条件刺激物必须在非条件刺激物之前出现

条件刺激物必须在非条件刺激物之前出现体现在排球运动技能教学过程之中时,就是应首先通过较为直观和表象的示范动作,让运动员在大脑皮层尽快建立起动作的表象,在此之后运动员再通过听取教练对技术细节的讲解来加强运动员对技术动作的理解。

(二)大脑皮层必须处于适宜的兴奋状态

适宜的兴奋状态要求兴奋性处于恰当的水平,它既不能太高,也不能太低。过高或过低的兴奋状态都无法达到运动所需。过高的兴奋性容易导致兴奋扩散,影响条件反射的建立。例如,在正式排球技能教学之前的热身环节安排了游戏内容,如果此时一停下游戏就开始转入新技术的教学,则运动员的大脑皮层还处于较为兴奋的状态之下,此时再学习新动作可能会出现精神难以集中的情况。为了解决这个问题,就需要在中间再加上一些过度的环节,待运动员情绪稳定下来后,再进行技术动作的讲解、示范和组织学习新的动作。相反,过低的兴奋性也不利于条件反射的建立,如运动员在午睡后立刻参加训练,则会显得无精打采,注意力低下。为此,就需要采用一些调动兴奋性的环节来提高运动员的兴奋性。

(三)要有适宜的刺激强度

适宜的刺激强度对形成条件反射的速度有很大的影响。在一定范围内,条件反射的建立程度如何在很大程度上取决于条件刺激物和非条件刺激物的强度。但这也被反复强调必须是在一定程度之内,如果刺激强度太

大以至于超出了承受范围,此时的刺激就会呈现出劣性性质,然后大脑皮层就转变为抑制。如获得的刺激强度不足,则不能引起大脑皮层的兴奋。鉴于此,在开展排球教学训练工作时,教练的教学语言非常考究,要做到有吸引力、直观形象,并依据运动员的实际能力安排训练强度和进度。

（四）要尽量避免其他因素的干扰

在建立条件反射的过程中除了主要的刺激信息外,还有其他干扰信息存在。因此,为了建立正确的排球技能条件反射就要避免其他因素的干扰,以免产生外抑制。具体的做法是为排球运动教学提供相对安静和单一化的环境,并且注意在不同技术的讲解过程中教练与运动员的示范相对位置的选择,这些都有利于运动员更加集中注意力;另一方面应教育运动员提高学习的自觉性,提高自我控制的能力,以减少外界额外刺激的干扰。

四、排球运动技能手感的生理学基础

从生理学角度对球感的分析认为,球感是人体分析系统综合活动形成的一种条件反射。如果从心理学的角度来看的话,球感就是一种复合的、专门化的知觉。排球运动中的击球技术很多,不同技术动作要求手与球的接触方法和发力大小各不相同,因而所产生的手感也不尽相同。为此,这里就以传球、垫球和发球的生理学基础为例,来对排球运动技能中的手感问题进行分析。

（一）传球的手感

在传球过程中,手与球之间建立的感觉关系就是手感。作为一种运动员对球产生的专门性感知,手感除了与球和手接触时产生的压觉、触觉和肌肉、肌腱的本体感觉有关外,还与运动员通过视觉对球的属性判断有关。

传球主要是手掌、手指与球的关系问题。传球的手感不同,不单是因为传球时手指腹部位对球的浅感觉(触觉与压觉)非常灵敏,还由于手指与球接触时有一个缓冲和弹击的过程。拥有较为纯熟的传球技术的运动员在传过几次球后,只是凭借手感基本就能准确感知来球的形状(大、小)、轻重、弹性(球的充气量)、速度等诸因素是否正常。如果使用了新款球,球的表面材质或者气压有变化,这一精细的知觉很快就能引起运动神经做出反应,以此尽快来精细调整手指、手腕的用力程度和方式,最终仍旧可以将球准确传向目标。具有绝佳传球手感对于主要负责传球的运动员来说格外重要,如场上的二传手。为了获得这种令人称道的手感,就需要在日常的训练中反复练习,以求获得从量变到质变的过程。

（二）垫球的手感

垫球在排球运动中主要是运用在传球的技术环节中,大多数一传和二传都采用的是垫球技术。良好的手感在垫球技术中主要表现为恰当地用力和缓冲,灵活地变换手型,有效地控制反弹面,将球准确地垫入预定目标。

（三）发球的手感

发球手感的核心就是击球瞬间手与球的关系。发球首先是从下向上的过程,如果要发出正面上手旋转,就需要全手掌击球,如此可以获得最大的手触球面积,此时手与球的接触时间最长,有益于对球的控制。然后在整个手与球接触的过程中直到球离开手,每一瞬间球的受力方向都在发生变化,此时再加上手腕的推压作用,增加球的上旋旋转,如此就能发出高质量的上旋球。如果要发正面飘球,则与前面的正面发上旋球不同,这时就要求用掌根平面击球的中下部,手腕不要有推压动作,使全部的发力都能尽量通过球心,使球获得一个完全向前的力,球在空中飞行的过程中几乎不旋转。发飘球的要点就在于发力要短促、突然和集中,击球后手臂挥动不要随前,而要突停。

第四节　运动生物力学基础

一、起动的力学问题

排球运动中有许多需要急停急起的动作,所谓的"急",就是要求运动员的动作要迅速、有利,从而以最快的速度完成动作目标。从力学的角度分析起动应以以下几个原理为基础。

（一）起动的力学原理是破坏原有的身体平衡

人在站立时,身体是总在体保持平衡的状态之下的。走之所以能够移动就在于不断破坏这种平衡,然后在新的位移点重新建立起平衡。起动时,上体前倾,身体重心前移,从而使后蹬角减小,增大了后蹬的水平分力,达到加速起动的目的。

（二）在起动方向上的稳定角要小

稳定角是人体重心与地面的垂线与人体与支撑面边缘连线所形成的角度。就向前起动来说，为了获得较小的稳定角，需要身体前倾，为了获得最小的稳定角，甚至这个前倾的角度应接近零度，当然实际当中这是不可能实现的，但说明的问题是稳定角越小越有利于起动。稳定角的大小，与支撑面成正比，与重心的高低成反比。

（三）支撑反作用力要大

支撑作用力等于蹬地的反作用力。运动员在起动时的主要用力在于蹬地腿肌肉爆发式地收缩的速度和力量，蹬地腿发力拉长的肌肉爆发力越大，其获得支撑反作用力就越大，进而起动速度也就越快。

（四）蹬地角要小

在支撑反作用力一定的条件下，起动的速度与蹬地角的大小有关。具体到动作上来看，为了获得更小的蹬地角，在起动时就需要将重心前移，使蹬地的水平分力增加，以获得较大的支撑反作用力的水平分力。为了更快地前移重心，在起动时运动员甚至会后腿适当向后垫一步，如此能最大化地减少重心前移过程中浪费的时间。

二、传球的力学基础

从运动学的角度分析，传球是一个匀速运动。球体在力的作用下产生加速度，在球的质量这一条件恒定不变的情况下，作用在球体上的力的大小就决定了球击出的加速度的大小。因此，传球的关键环节就在于传球的手法以及全身协调地用力。合理的用力在于将身体的所有力量都集合起来，这个合力越大才能击出预期的球速和将球击到预期的落点上。

具体来说，要想获得良好的合力，不仅是通过手臂、手腕和手指完成的，它还需要腿脚的蹬地、腰腹的展体、伸臂等一系列全身协调动作，最终才是将这些力集中到手上，再作用到球上。此时手指、手腕还要起到一个对力的缓冲作用，以便能在发力的同时对球有所控制。这项技术对于主要负责传球的二传队员来说是非常关键的，它是衡量优秀二传手是否掌握高级传球技术的重要标志。

三、垫球的力学原理

（一）手臂角度

垫球的力学原理首先体现在运动员垫球时的手臂角度。手臂的迎球角度决定了很多垫球出手后球的属性。可以明确的是，这个夹角越大，垫出后球向上的力就越小，弧线较低。如果是垫球夹角小，垫出的球弧线就高。不过这还要看其他球的属性来综合决定，如果球体本身有旋转，就另当别论。总之，手臂角度对控制垫球的方向、弧度和落点的影响较大，这点对于司职后排位置的运动员来说格外重要，因为他们接一传的几率更大，而一传来球的属性通常较为复杂。

（二）垫球技术中对反弹力的控制

如果来球力量较大，除了摆出适当的迎球角度且采取正确的接球方法外，还要用一些技巧型动作对来球的力量进行一个缓冲，从而更好地控球。而如果来球力量过小，而又需要将球垫传到距离较远的队友时，就需要采取正确的手型，然后再给球一个主动的力。这里面的力学原理在于在来球力量相等的条件下，当球碰撞手臂时，球体形变的大小和形变速度的快慢与手臂主动迎击球的力量成正比。理解了这个力学原理后，就会让队员更加随心所欲地控制球。

四、发球与接发球球体飞行的诸因素原理分析

（一）加速与缓冲

动量定理和动量公式 $Ft = mv_2 - mv_1$ 揭示的问题是内力和外力作用时的乘积是物体动量改变的原因。对于排球运动的发球技术来说，在规则的限定下，击球时力的作用时间变化不明显，为此要想得到不同的动量变化，其方式只能是通过作用力的变化来实现。

缓冲在排球运动中非常重要。运动员能否顺利地接好一传以及做好精确的二传，都需要运用缓冲的控制方法。采用缓冲控制球时，可通过调节运动方式减少来球的动能效果，为此就需要延长触球时间并有一个随球动作，如垫重球时随球做后撤手臂的动作；传速度较快的来球时，可适当地延长球在手中停留时间，以及配合攻手的上步速度等，这些都是缓冲动作

的明显表现。

（二）角度

角度对于球的飞行轨迹产生重要影响,这个影响主要通过球在空中飞行的弧线体现出来。如果是发一条直线球,那么要想获得最远的落点就需要将球出手的角度定为 45°。大于或小于 45°的出手角度都会缩减球的落点距离。如果运动员能掌握好这个规律,则可以更加合理地控制发球落点。

（三）作用力

当球的击出角度不变的情况下,作用在球上的力量越大,球飞出的落点距离越远,反之则落点距离越近。将作用力与角度相结合,基本可以发出更多种属性的直线球,而这也是运动员们最常使用的发球手段。

（四）旋转

旋转是球体的一种属性。在排球运动中,巧妙制造球的旋转和充分利用球的旋转是一种专门技能,旋转球在实践中的用途也较为广泛。旋转球的产生是由于击球动作的发力没有经过球体中心,如此使得击出的球受到切线力的作用出现自转现象,再受到空气阻力的影响使其在飞行过程中发生偏离。旋转的球在空气中飞行,自然会受到球体环流与空气流线相互作用的影响。对于排球技术来说,发球是最好的主观给球施加旋转的技术环节,由于旋转发生的球体飞行轨迹的偏离可以增加对方防守的难度。

（五）飘球

在比赛中发出飘忽不定的球可以给对方的击球造成判断困难,即使飘球看起来速度并不是很快。

飘球的发球方法为发力通过球体重心,此时出手的球基本保持不旋转的状态。由于没有旋转轴,此时球体的飞行轨迹完全取决于空气阻力状况,然而这是不可判断的,因此球体在空中就会出现看似摇摇晃晃、飘飘忽忽的状态。另外,飘球效果的产生除了空气阻力外,还与球体的振动有关。球体的振动使球产生了微弱的形变,但这点形变就足以带来较大的效果。

还有一点容易被运动员忽视的一种非常有趣的实践经验,那就是发球时球嘴的朝向对球的行进方向的影响。具体来说,如果击球力的各项属性一致的话,球嘴向上,过网点高,球易出界;球嘴向下,过网点低,球不易过网;球嘴向左,球过网后向左偏;球嘴向右,球过网后向右偏。

五、扣球技术的力学原理

扣球技术在排球运动当中是最有效、最直接的得分手段，因此其重要性不言而喻。扣球技术在排球众多技术中属于较为复杂的一项，它包括准备姿势、助跑、起跳、空中击球和落地等环节。下面就对其中最为关键的空中击球动作进行生物力学原理分析。

空中击球动作首先有一个展体拉臂的动作，这里有一个转动惯量和转动定律公式来揭示其中的力学原理：$v_线 = wr$。之前屈臂的目的在于减小转动半径 r，并且增加角速度 w，在转动角速度 w 保持较大转动惯量，即快速的屈体挥臂，然后击球。要想提高击球的质量，就需要动作连贯、干脆，发力集中。为了获得集中的发力，应该格外注重前臂肌群的屈腕动作，它不能是线性的，而是一种在触球瞬间的爆发式收缩，而最终收缩的力则来源于之前腰腹、肩、手臂、手腕的逐次传递。因此，看似只是用手来完成的扣球技术，实际上其速度和力量都是由其各近侧环节的运动速度的叠加而成。

这里有一点需要注意的是非击球臂的作用。扣球动作主要是扣球手臂的动作，但这不代表非扣球的手臂在这个技术动作过程中没有作用。这点在日常训练中要给予一定的关注。

六、拦网技术的力学分析

拦网技术中的起跳是较为重要的力学环节，对此进行有益的力学分析有利于运动员掌握良好的起跳时机和控制起跳的方向。拦网技术是从起跳开始的，而起跳则开始于预备，下蹲是预备的标志性姿势，下蹲指向地面的加速度的值越大越好，以此为起跳时的发力积蓄能量。下蹲首先是为了放松腿部肌肉，这有利于起跳蹬地腾空时能更好地利用被拉长的肌肉的收缩力，在发力收缩时释放出更多的力。这在日常的训练当中要有重点地进行训练。

第三章 排球运动致胜因素——
排球技能控制与学习

在排球比赛中,运动员能否最大限度地充分发挥自己的各种技能,直接决定了其能否在比赛中取得理想的成绩。而技能的运用与发挥是建立在学习基础上的。在排球技能学习与掌握中,了解技能控制与学习原理以及揭露学习规律的学习曲线,能够更好、更快地为掌握排球技能提供理论基础。此外,学习理念与方法的构建及创新、学习计划的科学制订与实施等也对技能学习效果有重大影响,这些都构成了排球竞赛制胜的重要因素。本章主要就这几方面的制胜因素展开研究,从而为排球运动员在比赛中获胜提供科学支撑。

第一节 排球运动技能控制与学习原理

一、排球运动技能的控制原理

(一)嵌套式环路

反馈环路表明,特定环路是其他环路的内部操作。例如,当排球运动员在技能训练中运动负荷有增加或降低的变化时,其肌肉就会受到一定的调节,而这一调节主要来自于肌肉和脊髓之间的反应操作。运动员完成排球技能任务时会接收相关信息或指令,但这一过程与嵌套式环路没有关系。这一环路主要是在完成低级任务时发挥作用,高级任务的完成几乎不受该环路的影响,相反是"外环"对其构成主要影响。

(二)最终共同通路

最终共同通路是排球运动技能学习中最为典型的一个控制原理。该原理作用的发挥主要受以下因素影响。

(1)肌肉与骨髓需要吸收一些最初的指令,这些指令主要来自于动作程序。

（2）在满足上述条件后，在反馈环节中敏锐察觉到肌肉长度的伸缩变化和力量的强弱变化。

（3）在反馈环节中察觉到运动员身体的动作。

排球运动员肌肉动作的最终共同通路受中枢神经系统的指挥，最终共同通路是以上所有信息流的集合。

二、排球运动技能的学习原理

（一）运动技能的开环与闭环控制

1. 开环控制

预先组织好的、中枢神经系统所决定的指令向受动器系统中传达的一种动作控制形式就是所谓的开环控制。① 反馈调节在这一控制形式中并不存在，在控制快速的分立动作中，该控制形式发挥主要作用，如排球运动中的挥臂动作和击球技术。开环控制系统是动作程序形成的基础，在学习某一动作前，要准备好预选的动作程序。执行器和受动器是开环控制系统的两个重要组成部分（图 3-1）。

图 3-1　开环控制各环节

2. 闭环控制

动作控制利用的是各具特色的、丰富的感觉信息来源，当人们对自己的随意动作进行有意识的控制时，闭环控制系统就会发挥作用。闭环控制

---

① 宋元平．排球运动技能学习分析［M］．北京：北京体育大学出版社，2010.

是使用反馈、发现错误和纠错过程对理想目标状态进行有效保持的一种控制方式。[①]

闭环控制机制的各个环节如图 3-2 所示。

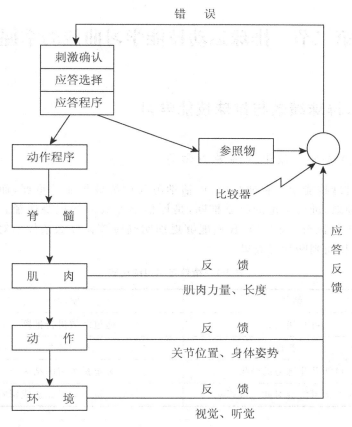

图 3-2　闭环控制各环节

通过上图,我们能够直观了解人体对自身相对较慢动作进行控制的过程。例如,排球运动员受伤后,接受治疗对受伤部位进行调整,这是一个比较慢的过程,利用这一模型可以对这一过程做出科学的原理解释。

（二）运动技能动作程序

动作程序是指预先组织好的一系列的动作指令,感觉信息可以对这些指令进行修正。在排球运动技能学习过程中,优秀排球运动员十分重视这

① 宋元平. 排球运动技能学习分析[M]. 北京:北京体育大学出版社,2010.

种执行技能"参量化"的能力的培养与提高。同时,在参与排球比赛时,高水平运动员非常了解自身应采用什么样的技术动作,清楚如何有效控制动作强度,从而将自身的竞技能力更好地发挥出来,取得理想的成绩。

第二节　排球运动技能学习曲线的掌握

一、排球绩效与排球技能学习

(一)区分排球中的绩效与学习

在排球技能学习和训练中,评估学习与训练效果非常重要,而在学练中观察绩效,进行结论的科学推断,是评估学习效果的重要途径。对绩效和学习进行区分(表 3-1),我们能够更加明确应该在什么条件下对绩效进行观察,从而判断学习效果。

表 3-1　绩效与学习的比较

绩效	学习
可直接观察	通过绩效进行推断
短暂性	较为持久
可能并非练习的结果	确定是练习的结果
绩效变量可能会对此造成影响	绩效变量不会对此造成影响

简单而言,我们可观察到的行为就是绩效,即在特定时间内和情境中对某项或多项技能加以执行的行为。例如,某一运动员垫球时,可以观察到的行为执行是垫球这个技能。但学习却不同,我们不可能直接观察得到,而只有不断推断绩效特点,才能得出。因此,个体在执行某项技能时所体现出来的能力变化就是学习,判断学习行为,必须在某项技能练习后,参考个体绩效相对持久的提高程度。

总之,在特定时间和情境中某一排球技能的执行就是排球运动技能的绩效。

(二)排球技能学习中绩效的特征

排球技能学习中,排球绩效的主要特征表现在以下几方面。

1. 提高性

绩效水平在一段时间内的提高是排球绩效的具体表现,绩效水平的提高是一个长期的过程,随着时间的推移而实现。当然,有些情况下,绩效水平不仅难以提高,反而还有下降趋势,如在练习不科学、态度消极等情况下。

2. 适应性

随着绩效环境的不断变化,已经提高的排球绩效能力也要适应这一变化。因为对某项技能的操作不可能总是在同一情境下,面对不同的情境操作同一技能时需要考虑适应性变化,技能本身的特点、情绪的变化、环境的改变等可能是造成情境差异的主要原因。当通过长期的学习与练习,某项排球技能不断进步与熟练时,即使在不同的环境中,也能较高质量地执行这项技能。

3. 持久性

排球绩效的提高是一个持久的过程,个体在某项技能学练中不断取得进步,其绩效能力也会得到提高,而且能够在相当长的时间内保持较高的水平,我们一旦学会某项排球技能,那么较高的绩效水平也会在一段时间里不断得到呈现。当然,因为遗忘等方面的影响,练习阶段末的绩效水平很难在任何情况下都表现出来。

4. 一致性

排球绩效的一致性会随着学习的进步而不断提高,即这一次到下一次某个排球技能的动作展现会表现出更加相似的特征。在学习早期,这种一致性并不稳定,但到了最后,会渐渐趋于稳定。

(三)排球运动技能学习曲线的表示

对排球绩效的观察与记录有助于我们对排球运动技能的学习情况进行更好地评估。排球运动技能的提高主要表现在以下两方面。

1. 练习速度的加快

单位时间内完成动作的时间加快,这就是练习速度的加快。

2. 准确性的提高

每次练习中出现的错误少,这就是准确性的提高。

我们可以将时间或练习次数作为横坐标,把排球绩效水平或排球运动技能水平作为纵坐标,在横纵坐标都确定后,在坐标上用曲线准确描绘学习过程的技能水平,这样就能够将一定时间内排球运动技能的学习情况直观地呈现出来,而描绘学习过程与表示学习情况的曲线就是排球运动技能学习曲线。

二、排球运动技能学习曲线的类型

排球运动技能学习曲线有几种不同的形式,这些曲线的变化主要受排球运动员个体特征以及不同难度排球动作的影响。下面主要分析几种常见的排球运动技能学习曲线。

(一)"S"形学习曲线

在排球技能学习过程中,运动员的进步时快时慢,具有不稳定性,这一规律主要用"S"形学习曲线来表示,如图 3-3 所示。

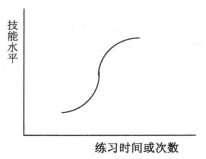

图 3-3 "S"形学习曲线

造成运动员学习进步时快时慢、不稳定的原因主要表现在以下几方面。

1. 排球技能的因素

排球技术体系非常丰富,每一种技术中又包含有不同的动作方式,以发球技术为例,这项技术包含正面上手发球、正面下手发球、侧面下手发球、发飘球、跳发球等动作形式,所以排球运动员在运动技能学习中,即使是学一项技术,也需要掌握各种不同的动作方法,而不同的动作难易程度不同,因此进步有时快,有时慢,非常不稳定。此外,运动员将一种技术熟练掌握后,接着进行新技术的学习时,要注意技术之间的衔接,在这方面的学习中进步情况也会有所不同,所以从大周期来看,进步并不是一直都很快。

2. 运动员的主观原因

以下因素是影响排球运动员技能学习中进步节奏不稳定的几个主要因素。

(1)注意力集中程度。

(2)学习动机强弱。

(3)是否滋生厌恶感。

(4)身体是否疲劳。

3. 客观原因

教练员、学习环境是对排球运动员技能进步速度造成影响的主要客观因素。

(1)排球运动员在技能学习中,对技能的掌握程度、学习效果等都直接受排球教练员指导水平的影响。

(2)学习环境也会在一定程度上影响运动员学习排球运动技能的进步情况。例如,运动员学习扣球技术时,是通过训练的方式学习,还是通过比赛的方式来学习与掌握,会获得不同的学习效果。

(二)高原平台学习曲线

高原平台学习曲线所呈现的技能学习情况是,开始时,学习提高程度较弱,几乎观察不到,经过一段时间的练习后,学习曲线逐步稳定提高,但又过一段时间后,学习曲线几乎停滞不动,再继续练习,又有明显提高,而后又再一次停滞……如图3-4所示。

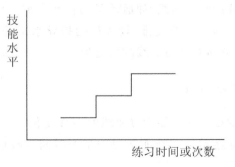

图 3-4 高原平台学习曲线

这一规律形成的原因表现在以下几方面。

1. 身体素质的影响

身体素质的发展相对于技能的发展是滞后的,一旦体能有了提高,技能的进步便会非常突出。排球运动中,对跳发球的学习一般是建立在良好掌握原地发球技术基础上的,而在跳发球学习中,弹跳及力量素质的影响非常大,如果这两个素质水平不高,那么技能水平很可能在一段时间里停滞不前。但随着长时间的坚持练习,体能水平会有所提高,因而跳发球技术能力也会有相应的长进。

2. 技术复杂

在不同时间集中练习某一部分技能,那么就只有这一部分技能可能会提高,而整体的提高与进步却并不明显。例如,在传球技术中,近距离对墙进行手型、手指拨球等练习,坚持一段时间,也难以整体提高传球的整体技能。

3. 旧的动作结构的影响

改变旧的动作结构,完善新的运动技能方式,这是提高运动技能必须完成的一次改造,而如果改造不到位,技能就会停滞不前。

4. 其他原因

伤病严重、学习动机发生改变等都可能造成技能停滞不前。

每一项排球技能的学习曲线并不是属于固定的某一形式,因为会有很多因素影响运动技能学习曲线,如运动员的神经类型、身体素质、学习动机与方法、练习环境、训练周期安排、教练员的指导水平等,这些都会影响一个人技能的提高,从而对学习曲线的变化形式产生一定的影响。

(三)线形学习曲线

线形学习曲线在排球技能学习曲线的多种变化形式中最常见,这一学习曲线揭示了排球运动员在技能学习中学习时间与技能水平成正比的规律,如图 3-5 所示。

从图 3-5 来看,排球运动员的技能水平随着其学习时间的延长而提高,主要原因分析如下。

如果某一技术动作相对较为简单,结构单一,而且对运动员的身体素质不做过高的要求,那么掌握起来就比较容易。随着持续不断的学习,运动员不仅能够掌握简单的技术动作,还能在实战中熟练应用,而且随着学习时间的继续推移,这项技能便会不断强化,形成条件反射,进入技能的自动化阶段。

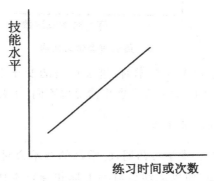

图 3-5 线形学习曲线

在排球技能中,对垫球技术的学习最容易出现线性学习曲线。因为相对于其他技术,垫球技术较为简单,而且在弹跳力、力量等方面的要求也不高,此外对其他技术动作学习中的干扰较少,因此运动员容易上手和掌握。垫球是排球的基本技术之一,出现频率高,运用频繁,因此运动员可能达到很高的熟练程度。

排球技能学习中,不只是对垫球技术的学习会出现线性学习曲线,在下手发球技术学习中该学习曲线形式也会出现,尤其是在排球初学者的学习中。

有时运动员在学习扣球、传球以及拦网技术时,技能水平也会随着学习时间的增加而提高,即也会出现线性学习曲线,这与运动员身体素质好、学习积极性高、领悟能力好、运动基础扎实等有关系。也就是说,运动员只有充分具备这些条件,才会在不断的学习中提高技能水平。

（四）负加速型学习曲线（先快后慢）

在排球技能学习中,负加速型学习曲线（先快后慢）也经常出现,具体特征是学习初期进步快,之后进步速度有减缓趋势,如图 3-6 所示。

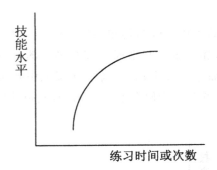

图 3-6　负加速型学习曲线

不同运动员在学习不同技术时,进步快慢的变化也会有所不同,即使是学习同一技术,在不同学习阶段进步情况也不同,主要原因如下。

1. 固有经验的正迁移作用

运动员在排球新技术学习初期,已掌握的技术会对新技术的学习产生正迁移的影响。例如,如果运动员对羽毛球扣球技术比较熟悉,那么其在排球扣球技术学习中,这一固有经验便会产生积极影响,所以相对容易在短时间内学会排球挥臂扣球技术。然而,运动员需在不断的学习中提高自身技能水平,而固有经验的正迁移作用不可能贯穿在长期的学习过程中或各种新技术的学习中,运动员一旦失去已有经验的支持,就很难在短时间内建立新的运动条件反射,技能的提高也就有了一定的难度。

2. 排球技能的学习对身体素质要求较高

运动员对排球技术的掌握及其排球技能的提高是建立在一定身体素质基础上的,运动员只有身体条件满足一定要求,才能学习高难技术。但是,运动员良好体能的形成不可能短时间内实现,这是一个长期的过程,所以导致学习中技能水平提高缓慢。

3. 心理因素

从心理学方面而言,运动员在整个排球技能学习过程中会有不同的心理变化和心理特征,起初学习兴趣浓厚,特别是有了进步后进一步激化了学习热情。但随着所学技术难度的不断增加,运动员在学习中总是出现错误,有些环节怎么都学不会,做不好,这就影响了其学习情绪和积极性。运动员的学习心理一旦发生消极变化,要在技能水平上得到提高就很难了。

（五）正加速型学习曲线（先慢后快）

这一形式的学习曲线所呈现出来的特点是，在技能的初步学习与掌握阶段，技能水平缓慢提高，学习时间或练习次数达到一定程度后，技能水平提升速度越来越明显，表现出提高上升的趋势（图3-7）。

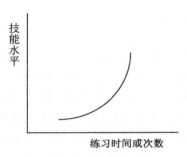

图 3-7　正加速型学习曲线

在排球技能学习中出现这一学习曲线形式的原因主要有以下两个方面。

1. 一些排球技术较复杂，不容易上手

一般在运动员学习排球传球技术时会出现正加速型学习曲线，即进步先慢后快。完成的传球技术由准备姿势、蹬地、伸膝、伸臂等动作组成，运动员必须掌握好每个环节才能传好球。此外，传球技术特别强调手指动作的规范性，运动员必须将全身肌肉调动起来共同参与并协调配合才能传出高质量的球，这对运动员的本体感觉、手部小肌肉群协调能力等都提出了较高的要求，因此运动员要在短时间内建立技术动作的条件反射是有一定难度的，而且在学习初期其技能水平也不可能取得快速提高的效果。随着后期学习时间的增加，练习次数的累积，运动员的协调能力不断提高，因此就比较容易掌握这一技术了，之后学习侧传球、背传球等传球技术动作时，上手也比较快，可有明显进步。

2. 固有经验的负迁移影响

排球运动员将发旋转球技术掌握好，接着学发飘球技术时，就会受到上一技术产生的负迁移作用的影响。然而，经过不断的学习与练习后，能够正确区分这些技术各自的特征，因而就不容易混淆，能够快速掌握新技术，这时受上一个技术负迁移作用影响的只是个别动作或细节。运动员掌握的技术经过不断的练习越来越强化,逐渐建立新的运动条件反射,因此技能的提高速度便会不断提升。

三、对排球运动技能学习曲线的科学认识

(一)排球运动技能学习的规律性认识

排球运动技能的形成是一个持续的、起伏变化的过程,有时技能会快速提高,有时则需要很长时间才会有明显提高,而技能停滞不前的现象也时有发生,甚至会倒退。运动技能学习曲线的形式因此也变得丰富多样。我们应科学而准确地认识排球运动技能学习中的这些种种现象。

运动技能的完成属于一种随意运动,该运动需要有骨骼肌的参与,而且是在大脑皮层的指挥下参与完成的。运动技能不是先天就有的,需要通过后天的不断努力学习与练习才能获得。运动条件反射暂时性神经联系是运动技能学习的生理机制。对排球运动技能学习和掌握的过程,也就是运动条件反射的建立过程。在这种情况下,要积极采取各种科学有效的练习方法来加强练习,加深记忆。

学习排球运动技能受到生理和心理的共同作用。技能水平停滞或倒退可能与体能下降、身体疾病、运动疲劳、情绪低落、兴趣下降等有关。此时,需要及时做好身心状态的调整,或暂停练习,集中精力解决身心问题。

"潜在学习"的现象在排球运动技能学习中客观存在。虽然一直都在练习或学习状态中,但在技能测试中却看不到明显的提高与进步,技能水平的变化不明显。但我们不能说学习没有进步,实际上,在学习内部,量在不断积累,持续练习一段时间,运动技能水平的提高就明显了。所以,短时间内看不到技能学习的进步也不要怀疑与放弃自己的努力,只要量积累到一定程度,就会产生质变。

(二)加速排球运动技能形成的方法

年龄、性别、遗传、技术特点、训练方法等因素会对排球运动技能的形成产生不同程度的影响,下面着重从生理学和心理学的角度分析,对加速排球运动技能形成的几种方法进行分析。

1. 调动学习的积极性和自觉性

激发与调动运动员技能学习与练习的积极性和自觉性,要求运动员端正学习动机,在学习中保持一定的兴奋状态。在具体实践中,改变教学与训练方法、组织比赛或游戏活动等都能够有效调动大家的学习兴趣,提高大家的学习积极性。例如,在提高垫球准确性的练习中,可以设计简单的垫球比赛。

2. 合理利用两个信号系统

发挥第一信号系统的作用主要是将形象的讲解、正确的示范等直观的形象刺激利用起来。例如,在排球扣球技术学练中,教练员首先示范完整动作,运动员可直观了解扣球技术,然后分解动作进行示范,对各个要点进行讲解。

发挥第二系统的作用主要是将精确的、鼓励性的语言利用起来。例如,在扣球技术学练中,教练员用"跳"这一提示性语言来使运动员掌握好起跳时机,用"扣"这一提示性语言来使运动员掌握好扣球时机,如果运动员做得好,就给予语言鼓励,如"好球""漂亮"。鼓励运动员勤于动脑,使其善于分析、回忆、想象所学技术动作,这有利于加速其动作技能的形成与提高。

3. 充分利用迁移原理

在学习新技能时运用某些已掌握的技能,这就是迁移,这种迁移可能会产生积极促进的作用,也可能会对新技能的学习造成干扰,前者是正迁移,后者是负迁移。

4. 合理运用好反馈

通过排球信息的输入和输出,使教练员与运动员获得在技能学习过程中的各种信息,并在二者间的信息交换中,不断发现问题和解决问题,这就是排球技能学习中的反馈。

教练员在技术教学中首先要给运动员一个正确的表象,使其在不断的练习过程中自觉利用反馈,加强联系。

第三节　排球运动技能学习的理念与方法创新

一、排球运动技能学习理念创新

（一）重视排球竞技规律的研究

之所以要对排球竞技规律的研究给予一定的重视，主要是因为其在很大程度上对排球运动内部的基本矛盾及排球运动的未来发展趋势造成了影响。在排球运动发展中，排球竞技规律发挥着积极的促进作用。所以，要想促进排球运动技能学习的科学化、正规化，就要充分把握好排球运动竞技规律的发展方向，具体包括集体性规律、攻守平衡规律、全面与特长发展规律等。

（二）重视系统控制理论的应用

1. 系统控制理论概述

"系统控制，就是运用系统原理，在某一事物系统中，从全局和微观入手，整体把握全局，协调系统中各要素、部分之间的关系，使系统和要素协同发展，实现'整体大于要素之和'。"[①]在排球运动技能学习中，要将系统控制理论充分利用起来，具体要参考系统控制的基本理论及排球运动特点，还要明确排球运动技能的学习系统，接着从学习实际出发，有序地将排球学练方法与内容纳入排球技能学习系统中，使排球技能学练系统的控制作用得以充分发挥，促进排球运动员技战术能力、集体协作能力与竞赛能力的全面提高，取得优异的比赛成绩。

2. 排球技能学习系统控制的构成

竞技排球比赛的对抗性、竞争性很强烈，双方成绩随时可能发生变化，因此运动员必须不断提高自己的技战术水平，提高自己的应变能力与协作能力，这样才能在比赛中有取胜的可能。而且运动员个人的技能水平直接影响着团队的整体竞争力，通过提高个人技能来提升球队的整体实力是比

---

① 宋元平. 排球运动技能学习分析[M]. 北京:北京体育大学出版社,2010.

赛中取胜的关键。从这一方面来看,排球技能学习包括以下两方面。

第一,运动员个人的技能学习,包括排球技术学习、身心素质练习(体能、心理品质、技术掌握心理以及比赛心理等)。

第二,运动队整体的技能学习,包括排球战术、实战能力、团队精神。

排球技能学练系统控制的构成要素见表3-2。

表3-2 排球技能学练系统控制的构成要素

学练系统类型		具体要素
个人技能学练系统	体能学练	力量素质训练(最大力量、速度力量以及力量耐力) 速度素质训练(反应速度、动作速度以及动作频率) 耐力素质训练(一般耐力和专项耐力等)
	心理技能学练	一般心理技能学练(体会排球的感觉、时间与空间感、训练与比赛情绪等) 专项心理技能学练(赛前心理技能学练、赛中心理技能训练及赛后心理技能训练)
	技术学练	发球、垫球、传球、扣球、拦网等有球技术 准备姿势与移动等无球技术
运动队整体技能学练系统	战术学练	个人攻守战术 集体攻守战术
	实战技能学练	排球战术意识 排球战术指导思想
	团队协作意识	整体作风 纪律性 凝聚力等

3. 系统控制的运用

系统控制的运用应注意以下几方面。

(1)树立正确的排球技能学练系统控制的理念。

(2)以系统控制原理为依据进行技能学练计划的制订。

(3)将各系统之间的协同关系、长期技能学练与赛前训练的关系、技能学练与比赛的关系、队员与球队发展之间的关系妥善处理好。

（三）重视全面系统的学习理论

理论与实践密切结合，排球技能学习实践的开展离不开学习理论的指导。排球技能学习理论是全面而系统的理论，全面系统的学练理论为排球技能学练的实施提供了重要的基础依据。对排球技能学习理论的深入研究对于促进排球运动员技能水平的提高具有重要的意义。

（四）重视排球技战术的创新

排球技战术的突破与创新是运动员技能学习中的核心，是促进排球运动向又好、又快方向发展的灵魂。排球技战术创新主要包括两方面，一是排球技术动作的创新，二是排球战术配合的创新，技术创新、战术创新紧密联系，后者以前者为基础，前者能够保证后者的运用。适度合理地进行排球技战术创新，将创新后的技战术灵活运用到比赛中，可大大提高比赛胜利的可能性。

（五）重视排球实践技能学习理论

重视排球实践技能学习理论具有以下几方面的含义。

（1）排球训练与比赛中尊重排球运动的本质特征，遵循排球运动的基本规律。

（2）排球技能学练中对学练方法与手段的设计及选用要从具体实践出发。

（3）排球技能学练要遵循比赛规律，围绕比赛需要而进行，在实战中不断提高运动员的技能水平。

（4）在注重排球技战术技能学练的同时，还要注意体能训练，使排球技术与战术更具活力与实践性。

二、排球运动技能学习方法创新

（一）排球运动技能学习方法的分类

在体育运动教学中，体育学习方法与体育教学方法是密不可分、相互配合运用的，如图3-8所示。

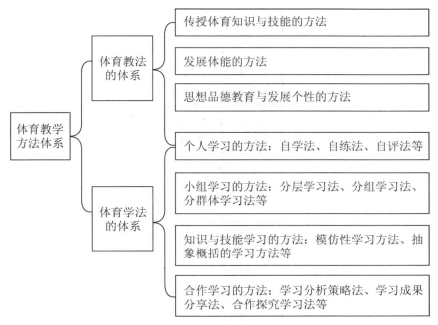

图 3-8　体育教学方法体系

排球运动技能学习方法属于体育学习方法的范畴,将体育学习方法运用到排球运动技能学习中,并结合排球运动的项目特征,构成了独特的排球运动技能学习法。图 3-8 所示的学习方法既有常规的,如自学、自练等,也有比较新颖的学习方法,如分层学习法、分群体学习法、抽象概括学习法等。也可以将这些学习方法概括为外显性学习方法和内隐性学习方法,前者以形成经验为主,如模仿学习法;后者以培养习惯为主,如抽象概括学习法。

(二)排球运动技能学习方法运用的新设计

在排球运动技能学习中运用外显与内隐两类学习方法,需要注意对其运用程序的创新设计,只有结合各方面要素进行科学而创造性的设计,才能真正发挥这些学习方法的作用,提高学习效果。

1. 外显性学习法设计

外显性学习法的运用程序设计流程如图 3-9 所示,该设计体现了体育学习方法的交往性、多层性、信息性,有助于提高学生学习的积极性与自觉性。

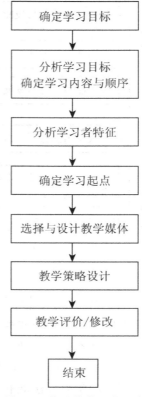

图 3-9　外显性学习法设计

2. 内隐性学习法设计

内隐性学习法的运用程序设计流程如图 3-10 所示。该设计有利于激发学生的学习动力，在学生的各学习环节提供明确的方法指导，提高学生的学习能力，使学生养成良好的学习习惯。

（三）几种新学习方法的分析

下面着重分析对学生学习排球运动技能有实际效果的几种新型学习方法。

1. 解决问题学习法

思维的本源是问题，这是逻辑学的一个主要观点。苏联教育家斯卡特金曾指出，本质上而言，学生对新知识学习与掌握的过程，也是思维上从不知到顿悟的过程。

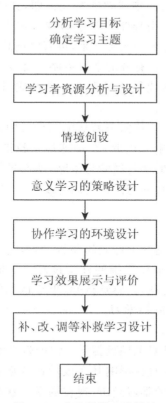

图 3-10 内隐性学习法设计

许多体育学者都指出,如果在体育运动技能学习中学生对客观存在的问题没有发现,或者感觉不到,则无法将运动技能学好。从方法论的角度来看,学生学习过程也是用已经掌握的知识来证明新的知识的过程,在这个过程中,学生要明确地知道如何将问题解决好。因为这些联系带有为运动直观经验所证实的具体性,因此在排球运动技能学习中运用该方法,能够使学生对排球运动技能的理解更深刻,从而提高学生的感知力、理解力及领会力,使学生的排球知识结构更稳固。总之,解决问题学习法对学生的排球运动技能学习实践有举足轻重的指导价值。

在这一方法的具体运用中,可采用的有效手段有交流与探究学习,所以可以从以下两点入手来实施该方法。

第一,学生依靠内部信息反馈改进学习。

第二,学生依靠教师和同学的外部信息反馈来改进学习。

在排球运动技能教学中安排解决问题学习方法可参考以下几种具体实施路径。

（1）分析学习策略法。排球教学实践证明，让学生先对排球运动技能学习历程有初步的了解，引导学生从学习内容出发将学习策略、学习步骤初步确立下来，并将注意事项明确下来，可有效提高学习效果。

（2）学习成果分享法。有效的学习策略认知模式能够在教师指导学生交流学习心得，分享学习成果的过程中逐渐形成，该模式对学生的成长及学习有很重要的意义。

（3）同伴合作辅导法。任何一名学生在学习中的反映都可能对同伴的学习行为产生一定的影响。因此，在排球运动技能学习中，学生要多与同学交流、沟通，借鉴同伴的学习经验与策略，从而更好地解决自己的学习难题，提升自己的学习能力，并与同伴共同进步。

2. 抽象概括学习法

排球运动技能学习是学习经验的积累过程，这一过程中反映的基本认识规律是从形象思维向抽象思维的逐步过渡。学生对排球运动技能的理解和掌握，反映了其概念认知、感觉认知、思维认知等认知能力。在排球运动技能学习中运用抽象概括学习法，对减少干扰因素，提高学习质量和效率具有非常关键的意义。

在排球教学中，教师对抽象概括学习法的教学安排需注意以下两点。

（1）学生以往的经验直接影响其完成动作的形式及结果。所以教师要帮助学生分析总结过去的学习经历、现在的学习状况，帮助学生完成动作，引导学生将抽象概括学习法正确运用到学习实践中。

（2）从学习一个容易的动作到学习一个难的动作，很难产生迁移，而反过来就比较容易了。所以，学生在排球运动技能学习中应先从简单学习状态开始，慢慢向复杂的状态过渡。

第四节　排球运动技能学习计划的制订

一、排球运动技能学习计划制订的依据

制订排球运动技能学习计划，需要参考一定的科学依据，为了提高计划的科学性与有效性，具体需要参考主观与客观两个方面的依据（表3-3）。

表 3-3 排球运动技能学习计划制订的主客观依据

科学依据	内　容
主观依据	排球运动学练目标
	运动员个人特点与实际状态
客观依据	人体生理自然规律
	排球运动技能学练的外部环境
	排球运动技能学习与训练的一般规律
	排球运动技能专项学习与训练的规律
	排球运动竞技能力和学习内容的迁移规律

二、排球运动技能学习计划制订的原则

只有坚持科学合理的原则来制订排球运动技能学习计划,才能保证排球运动技能学习计划的有效性,才能更好地发挥计划的作用,并在实践中更好地落实计划,实现预期目标。

具体来说,制订排球运动技能学习计划,需要坚持以下几项基本原则。

(一)目的性原则

运动员参与排球运动学习与训练,首先要清楚自己为什么而学,为什么而练,只有目的明确,才会更有学习与练习的动力,才会更加积极主动地参与学练过程,并养成自觉学练的良好习惯。因此,制订排球运动技能学习计划,必须先明确目的。

(二)全面性原则

运动员的身体素质、心理素质、技战术等都是其竞技能力的重要组成部分,运动员竞技能力的提高离不开对各要素的科学训练,只有各要素都处于良好状态,整体技能才会达到优化。此外,各要素之间相互影响,如果有个别能力训练不到位,就会对其他因素的训练与提高造成影响,进而影响整体学习效果,所以必须全面安排排球技能学习工作。

(三)可操作性原则

排球运动技能学习计划的制订是为了更好地开展教学与训练工作,因

此学练计划是否具有可操作性是制订计划时必须考虑的关键问题。在计划制订中,是否对学习者的生理、心理特征以及各方面的外在环境因素进行了充分的考虑,直接决定计划是否具有可操作性和可操作的程度。

合理安排运动量、运动负荷,有效选择训练内容等是制订排球运动技能学习计划的主要任务之一,完成该任务需要坚持的原则是由小到大,从易到难,此外要将基础技术动作的学练重视起来,使运动员逐渐掌握,稳步提升,不断发展和创新。

最后,制订排球技能学习计划还要注意对学练时间的控制,并尽可能使学习安排有趣味性,以免运动员在长时间单一的训练中产生厌烦情绪或出现疲劳、损伤等问题。

(四)可调整性原则

排球运动员学习排球运动技能的过程,也是身体适应不断增加的运动负荷的适应过程。在学习排球运动技能时,不同大小的运动负荷对运动员机体产生不同程度的刺激,使其在生理上产生适应性变化,其身体机能水平就会因此而出现相应的提高。

参与排球运动技能学习需要经历一个从量变到质变的过程,运动员先学习与掌握单一的排球技术,然后学习组合技术,并在实践中运用所学技术,当达到一定水平时,就能够在比赛中灵活发挥自己的技能。排球运动中,各技能要素之间相互影响,当运动员掌握并熟练运用某一技能后,就能够对其他技能的学习、掌握与提高产生一定的迁移作用,从而在意识与能力上获得全面的提高与进步。因此,在制订排球运动技能学习计划时应该努力促进能够对其他方面产生正迁移的技能要素的提高,从而实现整体优化发展。

在排球运动技能的整个学练过程中,所参考的学习计划并不是始终没有变化。随着运动员学习需求的增加,学习能力、技能水平的提高,以及学习环境的变化等,需要对之前的学习计划做出适当调整,从而适应各方面的变化,满足运动员的新需求,为运动员的进一步提高与发展提供指导。

三、排球运动技能全年学习计划的制订

排球运动技能学习计划按照学习周期时间长短可分为年度学习计划、月度学习计划、阶段学习计划、周学习计划、课学习计划等,下面主要分析全年学习计划,其他学习计划的制订要以全年学习计划为依据而进行。

（一）全年学习计划的概念

以一个年度为周期安排的周期学习计划就是全年学习计划，在具体安排中要明确学习总任务、学习目标、学习内容、学习重点、运动负荷等方面的内容。

（二）全年学习计划的内容

总结上一年排球运动员对排球技能的学习情况，以此为基础，以当前排球运动员的基本情况为依据，提出体能、心理、智能、技战术等各项学习指标和参加比赛的成绩要求，以及学习与训练工作的检查、监督等措施，为实现总目标而服务，这就是全年学习计划的主要任务。

顺利完成上述任务，需详细调查与了解排球运动员的起始运动状态，在此基础上对学习计划进行制订，具体包括以下内容。

（1）确定排球学习的任务与指标。

（2）安排排球技能学习的内容。

（3）划分排球技能学习的阶段。

（4）合理安排不同阶段的学习负荷。

（5）合理选择学习方法和手段。

（6）制订学练恢复措施。

（7）学习效果评价。

（三）全年学习计划的基本结构

全年学习计划的安排要考虑本年度重大排球比赛的时间，基本上是以比赛为核心制订全年学习计划。通常，一个单周期学习计划包括三个阶段，即准备期、比赛期和过渡期；双周期学习计划包括两个准备期、比赛期和过渡期(图 3-11)。

1. 准备期

准备期的主要任务是奠定良好的身体基础和基本技术基础，达到并保持良好的竞技状态。准备期的学习至关重要，因此持续的时间也较长。一般，单周期、双周期、多周期的学习时间分别是 6~7 个月、4~5 个月和 2~3 个月。准备期包括下面几个阶段。

1）开始阶段

在这一阶段，运动员先通过一般的学练方法和手段来全面锻炼自身的身体素质；然后转入专项学练，负荷量、负荷强度不断提升。学练内容的比例上,身体素质占 40%～50%,技术占 35%～40%,战术占 20%～25%。

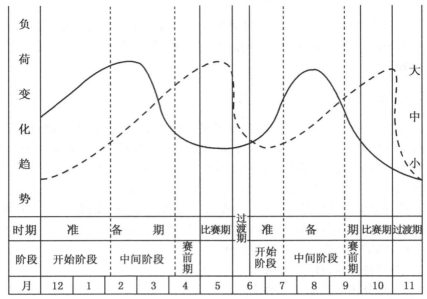

图 3-11　全年学习计划周期

2)中间阶段

这一阶段,身体素质的锻炼还需继续加强,专项身体素质训练比重适当增加。在技战术的学练中要重视培养运动员的相互配合意识与团结协作的能力。这一阶段的负荷量相对保持在一个较为稳定的范围内,可适当增加运动强度。学练内容的比例上,身体技能占 25%～30%,技术占 30%～35%,战术占 40%～45%。

3)赛前阶段

这一阶段,对队员之间配合能力的培养要特别重视。可鼓励运动员参加一些热身比赛和邀请赛,从而在实战中发现学习中的不足,及时弥补。专项素质是这一阶段学练的重点,同时注意对心理技能的培养,如自信心、竞争意识、意志品质等。学练内容的比例上,身体素质占 20%～25%,技术占 30%～35%,战术占 40%～50%。

2. 比赛期

保持和巩固良好的竞技状态是比赛期的重要任务。这一学习时期包括下列几个阶段。

1)开始阶段

在竞赛开始前 2～3 天,以专项技能学练为主,巩固排球运动技能。在战术方面,注重配合,强调个人战术意识。学练环境应与竞赛环境相适应,负荷量适当减少,负荷强度相应增加,专项技能的学练始终保持在最高点。

2)中间阶段

参赛阶段,除了继续进行专项训练外,还应根据对对手情况的观察与了解制订战术。多进行对抗性训练和薄弱环节的针对性训练,以保持较高的竞技状态。

3)结束阶段

结束阶段为最后几场比赛做准备的阶段,要注重健康的保持、机体的恢复、心理的调节以及情绪的控制,以恢复性训练为主,使运动员保持适宜的兴奋状态。

3. 恢复时期

消除运动疲劳,为下一阶段的学习与训练做准备,这是这一时期的主要任务。因此,要多注意积极性休息,学习与训练以一般训练内容为主,多采用游戏性、辅助性的学习和练习方法,保持一定的负荷量。此外,还要对全年学习情况进行评价和总结。

第四章　排球运动致胜因素——
排球科学训练与管理

　　排球运动作为一项竞技体育项目,其在比赛中取得胜利,需要具备一些相应的条件,除了排球技能的控制与学习之外,排球的科学训练与管理也是至关重要的方面。本章主要对排球运动训练的科学原理、理念与创新、原则与方法,以及排球运动训练管理系统的构建几个方面进行分析和研究,由此能够将排球运动致胜在训练与管理方面的因素分析出来,从而为排球运动比赛的胜利起到积极的指导作用,进而使排球比赛胜利的几率大大提升。

第一节　排球运动训练的科学原理

一、科学选材原理

　　对于任何运动训练来说,选材都是非常重要的,其对于排球运动也是如此。科学选材会直接影响到排球运动训练的成效,因此一定要对科学选材原理加以重视。

　　(一)选材的相关因素

　　在排球运动中,要对运动员进行选材,需要考量的因素是多方面的,比如年龄因素、遗传因素、个体因素、竞技能力因素、专项因素等就是较为主要的几个方面。选材的主要目标是对先天条件优越者进行选材,因此这就要求一定要充分考虑遗传因素这一主要因素。

　　竞技能力是一名运动员成才的必要条件,因此也成为考虑因素之一。各专项特点要求之间是有所差别的,因此这就要求要以排球运动的专项特点为依据,来进行针对性的科学选材。

　　除此之外,要想做到排球科学选材,在此过程中,就要求将运动员的个体特点也充分考虑进去。总的来说,只有对这些相关因素进行充分考量,并综合预测和评价,才能达到科学性、系统性、合理性的选材效果。

（二）科学选材的原理分析

与排球运动科学选择相关的原理主要有以下几个方面。

1. 人体遗传学原理

对于所有的运动员来说,其所取得的运动成绩如何,主要取决于其运动才能的高低,而运动员的运动才能往往是由遗传得来的。因而,这就需要在选材时,一定要对运动员家庭成员的运动能力进行充分的调查和了解。

人体遗传作为一个重要学科,所研究的对象有两个:一个是人体的遗传与变异规律,另一个是遗传与环境统一的规律。在运动员选材过程中,首先要具备的一个前提条件就是熟练掌握人体遗传机制。

人体遗传具有显著的特点,如主要的遗传性和变异性,这两个特点的表现内容也不相同:遗传性表现在生物前后代的相似性方面,变异性表现在人体性状中的变异。另外,需要注意的是,遗传是相对的,变异是绝对的。只有在运动员选材过程中对遗传性和变异性这两个特点进行深入细致的研究,才能使选材的正确性得到保证。对遗传产生影响的因素是多方面的,其中影响力比较大的有自然生态环境和社会及生活环境因素。除此之外,还要对遗传因素中的遗传力加以重视,因为其能够充分反映出遗传因素对性状表现施加影响的程度。

2. 年龄特征与生物学基础

运动员的实际日历年龄、生物年龄和运动年龄也是科学选材需要考虑的重要因素。运动能力和生长发育与日历年龄之间的关系是非常密切的,但其发展速度却有一定的差异性,具体来说,就是人的生长发育成熟速度并不是一致的,是有快有慢的,这就是所谓的生物年龄,即人体生长发育的年龄。生物年龄不同,运动能力方面所表现出的特点也是不同的。例如,运动员之间的个体差异性较大,因此出成绩的早晚就会不同,有的出成绩较早,但是稳定性和持续时间较短,而有的运动员尽管出成绩较晚,但基础牢固,稳定性强,持续时间也比较长。由此,也决定了运动员运动生涯的长和短。

3. 预测学基础

运动员的遗传和已经存在的生物学相关方面会对其运动生涯产生不

同的影响,但是这些方面条件好的运动员,并不一定是理想的选材对象,还需要对其未来的运动情况加以预测,从而断定其有效运动的时间以及可能达到的运动水平。具体来说,就是通过有关科学的运动,来对选材对象的运动性状进行准确测定和分析,从而准确推测、估计和判断运动员的运动才能和今后的发展状况。所预测的内容主要涉及选材对象的身体形态、机能、心理、智力、健康以及运动素质、运动成绩等方面。

二、负荷与应激训练原理

(一)运动负荷原理

运动负荷的种类是多种多样的,每种类型的负荷含义都是特有的,这就要求在运动锻炼过程中,对这些不同的运动负荷的概念和特性加以了解和掌握,并且适时调控运动负荷,使其保持在合理的范围内,对运动负荷的综合性、实战性和动态性加以注意,同时与具体个体有机结合起来,进一步提高对运动负荷的定量与等级的重视程度。

(二)应激原理

应激,就是人体对外部强负荷刺激产生的一种综合表现生理和心理状况的反映。经过不断的排球运动训练,运动员的运动能力会得到有效提高,这就在一定程度上体现了应激原理。

一般的,可以将人体应激分为警戒、抵抗和衰竭三个阶段,人体应激的产生与"自我保护反应"之间的相关性是较为显著的,在排球运动训练过程中,要将应激原理科学地应用起来,从而使运动员的运动水平得到尽可能的提高。因此,将应激原理应用于排球运动训练中,就要求不断加大运动负荷,从而逐渐形成新的平衡,有效提升运动员的运动能力水平。需要注意的是,运动负荷的增大并不是无限的,是不能超过极限值的。

三、疲劳与恢复原理

(一)疲劳与过度训练原理

疲劳的种类是多种多样的,可以通过不同的方法进行划分。

可以将疲劳分为隐性疲劳和显性疲劳两种类型,其中的区别主要在实际工作能力的状况上得到体现。在运动过程中,如果运动员出现隐性疲劳,往往就会有自我感到费力,动作结构发生显著变化,但实际工作能力却并未下降的现象产生;而如果所出现的是"显性疲劳",那么运动员往往会表现为:难以坚持运动,各项植物性机能指标变化明显,表现工作能力的各指标明显下降。鉴于此,就要求在判断运动员的疲劳时,要对隐性疲劳加大重视。

按照不同的标准,可对疲劳进行不同的类型划分。根据程度的不同,疲劳有轻度、中度和极度三种类型。其中,极度疲劳是一种显性疲劳,症状最明显;其次是中度疲劳,介于极度和轻度之间;轻度则是最轻的。这不同疲劳的表现是不同的,因此诊断时要有所针对。

(二)恢复与超量恢复原理

疲劳的恢复过程,实际上就是疲劳产生过程的一个反向过程。具体来说,就是运动员机体在不断受到各种负荷的刺激之后,体内的技能水平下降到一定水平,能源物质也消耗殆尽,这时候需要借助一定的手段和方法,来使运动员的身体机能和能源物质逐渐得以恢复,并逐渐超过原有水平。为了更好地理解疲劳的恢复,可将疲劳的恢复过程分为运动阶段、基本恢复阶段、超量恢复阶段、还原阶段。根据恢复程度的不同,可以将其大致分为未完全恢复、完全恢复和超量恢复三种类型。其中,超量恢复是恢复效果最佳的一种类型。

在排球运动训练中,超量恢复是一个有着鲜明特点的非常重要的原理。在排球运动训练中,要尽可能采用医学、物理、心理学等多种恢复的手段,这对于疲劳产生的延缓以及疲劳的及时消除是有所帮助的,同时也能使运动员的运动训练水平有所提升。

四、项群理论与专项化训练原理

(一)项群训练理论

项群训练理论,就是揭示和反映各类别运动训练规律的理论和原理。对于不同项群竞技能力来说,对其产生决定性影响的因素也是不同的,也正是因为如此,成绩决定因素、各项群运动的训练特点和要求方面也会存在一定的差异性。因此,将项群训练理论运用于排球运动训练中时,需要进一步研究对排球专项竞技能力起主导因素作用的构成系统。同时,对影响排球运动成绩的决定因素以及排球运动训练特点的研究力度也要进一步加大,从而将排球运动训练的具体任务和训练内容较好地确定下来,通过借助相应的训练方法和手段,取得最佳的排球运动训练效果。

(二)专项化训练原理

专项竞技能力训练的核心就是专项化训练,因此在排球运动训练中运用这一原理,是有助于排球专项运动技能提高的。

通常情况下,可以将专项竞技能力的训练分为全面训练、一般训练和专项训练三个部分。需要注意的是,这三个方面之间是有着紧密联系的,其关系主要表现为相互促进、相互依赖、相互制约和相互迁移。

因此,在排球训练中科学、合理地运用专项化训练原理是非常重要且必要的。

五、周期性与竞技状态优化调控训练原理

(一)节奏性调控训练原理

任何事物的变化和发展都是有节奏性的,这里所说的节奏,实际上就是所谓的规律性。这对于人来说也是如此,人的节奏主要表现为:生物节奏、训练节奏、比赛节奏,以及多年节奏、全年节奏、阶段节奏、周节奏、日节奏和课节奏等。

人的最佳竞技状态的调整会在一定程度上受到人的节奏的影响。人的节奏性就决定了人体的各器官机能也具有节奏性特点,运动员竞技能力发展的节奏性也会受到时间、器官机能状态等因素的影响。运动员竞技能力在节奏的影响下,也会在多年、全年、阶段、日、课方面表现出一定的节奏变化。由于个体之间存在差异性,因此相互之间的节奏也是不同的,这也就赋予了运动员竞技能力方面的合体差异性特点。

节奏具有显著的稳定性、可变性和可调性特点,节奏调控应该具备的条件就是这些。调控竞技能力节奏需要借助的方式和手段是多种多样的。另外,在调控过程中还要注意同步与非同步节奏的调控。还有对应性调控,即以不同竞技能力的节奏规律进行有针对性的调控。

(二)周期性训练原理

周期,实际上就是周而复始循环往复的事物发展过程。训练周期是运动训练的周期性特点的主要表现。运动员在运动训练中表现出周期性的特点,因此要高度重视运动训练的周期性特点。在此基础上,充分掌握各个周期的特点,采用合理手段,来提升训练的科学程度。

(三)竞技状态的形成与科学调控原理

要形成最佳竞技状态,必须掌握最佳竞技状态的科学调控原理。具体来说,这一原理所提出的要求主要表现在以下几个方面。

(1)从全方位入手,使运动员的竞技能力与恢复速度都有大幅度提升。运动员的体能和身体状态在很大程度上影响着其竞技状态,因此在进行运动训练时,为了避免不必要的疲劳的产生,一定要重点关注运动负荷的适宜。

(2)对运动员的心理和精神状态进行切实有效的调节和调整。对于运动员来说,其最佳竞技状态的获得很大程度上取决于其心理和精神状态。因此,一定要高度重视运动员心理与精神状态的调整,使运动员对相关的知识和方法加以学习、掌握,从而使外部环境的干扰得到有效避免。

(3)对训练负荷与比赛负荷进行合理调节。在排球运动训练中,为了取得超量恢复的最佳效果,就需要首先熟练掌握并遵循超量恢复规律,然后将其应用于训练和比赛中,并对所涉及的负荷进行适当调整,最终达到使运动员获取最佳竞技状态的目的。

(4)对竞技状态进行有效调控。要以生物节奏的规律为依据来有效调控竞技状态。

(5)能量的补充与科学饮食不容忽视。能量的补充对超量恢复至关重要,也会在很大程度上影响运动员的最佳竞技状态。这就要求要在赛前进行合理的营养补充,以保证运动员良好的竞技状态。

第二节 排球运动训练的理念与创新

排球运动训练水平的不断提升,与其创新有着密不可分的联系。而理念的创新则是其中非常重要的一个方面。

一、排球运动训练的理念分析

运动训练理念是经过长期实践,不断总结经验而逐渐形成的一种思想观念,其会对运动训练的发展方向产生一定影响。对于当前的排球运动训练来说,训练理念也是非常重要的,尤其要不断创新,从而能够更加贴合实际地促进排球运动训练的实施和理想训练效果的取得。

（一）成功体育训练理念

将成功体育训练理念运用于排球运动训练中，就需要使旧有的排球训练的思想发生转变，以所有的教练员、运动员为对象，将运动员的训练积极性充分调动起来，从而将一大批理论知识丰富、技术水平过硬的排球运动人才培养出来，这是成功体育训练理念实施的关键所在。

（二）快乐体育训练理念

快乐体育训练理念的内涵是非常丰富的，可以大致从三个方面着手来进行剖析和理解。

（1）使运动员通过身体上的满足，来进一步升华到心理上的欢乐。

（2）运动员通过对成功喜悦的体验，来进一步激发出其对排球运动的兴趣。

（3）让运动员在排球运动训练过程中有被尊重和被理解的体会，从而充分体会到团结协作的乐趣。

"快乐训练"理念在排球运动训练中有着非常广泛的运用，并且非常重视运动员排球技术意识的培养，强调运动员乐学。

（三）终身体育训练理念

终身体育，就是一个人终身都参与到体育锻炼之中和接受体育指导及教育。"终身体育"是一个集合概念，与一时参与到运动锻炼是有本质区别的。

二、排球运动训练的创新理念与应用

运动训练的新理念，就是所谓的创新理念。创新理念在排球运动训练中有着较为广泛的应用，具体如下。

（一）转变训练观念

在传统的排球运动训练中，运动员的主体性地位往往被忽视，其创造性和创新性也通常得不到有效地发挥，这就会使其个性化被淹没，不利于其可持续发展。鉴于此，就要求转变训练观念，建立适应社会发展和训练需要的新观念，从而促进排球运动员的共性和个性协调发展。

具体来说,排球运动训练中创新的训练观念可以从以下两个方面得到体现。

1. 以"教"为"学"

现代创新理念首先要对运动员加以尊重,并且使其在训练过程中的主体地位得到保证,在此基础上,要将教练员"传道、授业、解惑"的作用充分发挥出来,针对运动员的个体特征来有针对性地进行训练,积极引导和启发运动员,以"教"为"学",充分挖掘和提升运动员的自我创造能力,从而促进其排球运动训练水平的发展和提高。

2. 以运动员为主体

创新训练理念在排球运动训练中的运用,能够有效改变传统体育训练中教练员对运动员的"填鸭式"训练方式,通过一系列的情景设置,来将排球运动员训练的积极性充分激发出来,使其能够在问题的发现、分析和解决方面都表现出高度的积极性和主动性,从而使排球运动训练的质量和效果得到保证。

(二)改革训练模式

在排球运动训练中,运动员的创新意识和能力是非常重要的,只有将其充分发挥出来,并且将创新理念融入到排球训练实践中,才能够将其参与训练的积极性充分调动起来,才能使其训练水平得到有效提升。

1. 创设"情境剖析"的训练情境

(1)不管是教练员还是运动员,在进行排球运动训练之前,都要做好充分的准备活动。

(2)教练员要在排球运动训练中,将其讲解和示范的作用充分发挥出来,从而使运动员能够更加准确和牢固地获得相关运动技能,从而帮助其建立起正确的动作表象和技术动作。在训练的过程中,为了有效保证运动员的训练兴趣和积极性,教练员往往会采取趣味式训练的方法,或者创设情境剖析的训练情境。

2. 创设"情感创新"的训练情景

创新所带来的效应是多方面的,比如能够将人的求知欲望激发出来,能够使人精神愉悦,有效激发出对事物的兴趣。因此,在排球运动训练中,就要求一定要重视排球运动员自主设计组织运动技能练习的能力的培养,对运动员思维能力的挖掘与发挥采取一定的鼓励政策,培养和提高运动员独立思考和解决问题的能力。

在排球创新训练模式中,运动员的训练并不是固定不变的,是较为灵活的。

(三)改革训练方法

传统的运动训练中,往往对教练员的主导作用过度重视,而将运动员能动性忽略。这种具有局限性的训练观念已经与现代运动训练不相适应,因此创新训练理念要求转变这种训练观念,改革训练方法已经成为必然。

1.探究式训练

在排球运动训练中运用探究式训练的方法,首先离不开教练员的指导,在此条件下,运动员要充分发挥出自身的思维能力,及时发现新的知识点和运动技能以及存在的问题,并且将解决问题的对策提出来。教练员只有对运动员的积极探索进行引导和鼓励,才能够使运动员从中获取良好的感受和体会,从而将其积极性和主动性激发出来,进而促进训练效果的理想化。

2.互动式训练

传统的运动训练往往是一种自上而下的传授关系,教师和学生之间的互动性非常少。而创新理念下的互动式训练法则将教练员的组织者和指导者身份与运动员的主体地位有机结合并发挥出来,将一个和谐的训练氛围营造出来。在此氛围中,教练员和运动员自身的作用都能够充分发挥出来,这对于运动员训练水平的提升是非常有利的。

(四)创新排球训练理念

排球运动训练对运动员的综合素质要求非常高,全面发展的排球人才与创新训练所要求的高素质体育人才的培养是相符的,因此可以将其视为现代排球运动训练培养的重点。

在以前的排球运动训练中,教练员往往将运动中心放在球上,而忽视了运动员的主体地位和主观能动性,这就导致最终取得的训练效果不甚理想。因此,这种训练方式在当前实践应用中是需要加以改进的。

在排球运动训练中,运动员是作为运动的参与者和主体而存在的,排球运动训练的根本目标在于对运动员全面发展的促进。创新理念要求教练员在训练过程中始终有创新理念的贯穿与应用,积极有效地培养运动员的排球技术意识和人文素质,从而积极促进运动员的全方面发展。

第三节　排球运动训练的原则与方法

一、排球运动训练的原则

（一）系统性原则

系统性，就是训练自始至终，运动能力会逐渐提高并且达到一定的技术水平的前后连贯、不可中断的过程。排球运动训练是在保证运动后备人才的培养和输送这个总目标指导下进行的，因此把握好训练的系统性原则是非常重要且必要的。

将系统性原则贯彻实施于排球运动训练中，需要满足以下几个方面的条件。

（1）将训练的任务、内容、指标和要求等方面明确下来。需要注意，要以排球运动员的具体实际为依据，并且严格遵循由易到难、由简到繁、由浅入深、循序渐进的原则来确定这几个方面。

（2）训练系统的连贯性要得到保证。各学年、学期、周期、课等的训练系统的连贯性的实现，与可行性较强的训练计划是分不开的。因此，训练计划的制订至关重要。

（3）重视运动员体能的恢复，将训练和休息之间的关系处理好。

（二）周期性原则

运动员竞技状态的形成具有一定的规律性，而这种规律是在长期的运动训练中逐渐形成并加以总结得来的。因此，以此为依据，将不同周期训练的原则划分出来，这就是所谓的周期性原则。

在排球运动训练中，运动员要严格遵循周期性原则。如此才能在周期性原则的指导下，进行周而复始、系统全面的训练，最终达到有效提升各方面专项运动能力的目的。

（三）直观性原则

运动员在运动训练中形象思维的运用以及动作表象的建立，都是需要借助于一定的直观手段进行的，其对运动员竞技水平的提升有所帮助，而这一训练原则，就是所谓的直观性原则。

在排球运动训练中贯彻和实施直观性原则,需要对以下两个方面的事项加以注意。

(1)示范教学的重要性主要体现在排球运动训练初期,且不可忽视。教练员通过讲解和示范教学法的运用,与完整示范与分解示范、正确示范与错误动作示范有机结合起来,往往能够取得理想的教学效果。对于难度较大的技术动作,保护和帮助的形式是较为适宜的,能够使触觉和本体感觉得以加强,建立正确的动作表象。

(2)现代化的电教手段在排球运动训练中也是有着重要作用的,可以有选择性地加以应用。

(四)区别对待原则

区别对待原则,就是运动员的个体之间存在着一定的区别,运动训练就需要以此为依据,来加以不同对待,宗旨为取得最佳训练效果。

由于不同运动员之间客观存在的条件的差异性是普遍存在的,这就要求在运动训练过程中,严格贯彻区别对待原则,将运动员的运动能力和潜能尽可能地挖掘出来,有针对性地进行训练,从而取得优异的训练效果。

在排球运动训练中贯彻和实施区别对待原则,要满足以下几个方面的条件。

(1)教练员要对排球运动员的个人条件和特点进行全方位的了解和认识,并且以此为依据来对运动训练加以适当安排。

(2)在排球运动训练中,重点队员的培养是需要关注的重要方面,要将他们的带头作用充分发挥出来,这对于整体训练效果的提升是有所助益的。

(3)要在排球运动训练的始末都贯彻实施区别对待原则,所提出的要求也应因运动员的实际情况而有所差别,这也就要求采取的运动训练的措施、手段和方法也是不同的。

(4)在制订排球运动训练计划时,要满足两个要求:一个是能反映全队的要求,另一个是能够反映个人的不同要求。

(五)合理安排运动负荷原则

对于排球运动训练来说,运动负荷合理与否,在一定程度上决定着排球运动训练效果的好坏。因此,运动员在排球训练过程中,采用合理的运动负荷进行训练,能够使排球运动员的运动能力得到有效提升。

在排球运动训练过程中,教练员要通过调整阶梯高度和阶梯长度的方式、方法,在运动员的训练负荷方面谨慎地逐渐增加,直至极大。除此之外,还要注意阶梯式负荷、平台式负荷等不同的负荷方式的采用要根据训练周期、训练程度而定。

（六）五结合原则

对于排球运动员来说,技术、战术、作风、体能和心理状态都会对其训练效果和比赛成绩产生相应的影响,并且这五个方面之间并不是独立的,而是相互影响、相辅相成的。可以说,排球运动训练效果的好坏,是这几个因素综合效益的体现。

在排球运动训练过程中,要求教练员对每次训练的重点加以注意,并且有针对性和侧重点地来对相应的问题加以解决。在此基础上,还要兼顾运动员体能、作风、心理等方面的培养和提高。

（七）赛练结合原则

在排球运动训练中,训练和比赛两者是相辅相成的密切关系。在训练过程中,要以日常训练为主,同时将比赛与训练有机结合起来,针对比赛进行训练,并且在比赛中进一步促进训练的进行。

在排球运动训练中,教练员要对比赛和训练的内容进行合理的安排,在训练过程中提升运动员的专项能力和比赛意识,在比赛过程中检验训练效果,并为赛后的训练提供指导。因此,将比赛与训练结合起来的原则是非常重要的。

（八）一般训练与专项训练相结合原则

运动训练有一般训练与专项训练之分,训练水平的提高单单依靠其中的一种训练是无法形成的,并且两种训练之间有着密切的联系:专项训练是在一般训练的基础上发展和进行的,因此要求将一般训练与专项训练结合起来,从而达到有效提高训练水平的目的,这就是所谓的一般训练与专项训练相结合原则。

将一般训练与专项训练相结合原则贯彻实施于排球运动训练中,需要满足以下几个方面的条件。

（1）所安排的一般训练和专项训练的比重要科学合理。具体要以排球运动的特点和运动员的年龄和训练阶段为依据进行。

（2）一般训练的内容要选好,以基础性和实用性为主。

（3）以各训练阶段的主要任务为依据,做到全面安排,突出重点。

（4）要求一般训练与专项训练的形式和方法具有显著的多样性特点,

与运动员身心发展的特点及规律相适应。

(九)积极参与原则

在排球运动训练中,运动员自觉参与到运动训练中的积极性和主动性是非常重要和可贵的,这就要求教练员必须与运动员进行各种有效沟通,让他们对排球训练有全面且深入的了解和认识,从而使其能够激发出参与排球运动训练的兴趣,并且能够积极克服训练过程中遇到的困难,为理想训练成绩的取得创造条件。

(十)创新性原则

排球运动训练水平的不断发展和提升,与其中的不断创新有着不可分割的密切联系。可以说,没有创新,就没有发展,这对于排球运动训练也是适用的。因此,这就要求必须坚持不断创新的基本原则,努力突破排球运动训练,使排球运动训练水平得到有效提升。

二、排球运动训练的方法

(一)排球运动训练的一般方法

1.重复训练法

重复训练法,就反复多次进行动作结构和运动负荷量相同的训练方法。

将重复训练法运用于排球运动训练过程中,要注意的问题有以下两个。

(1)在排球运动技术训练中运用这一方法时,首先要严格按照排球技术规范训练,重复次数要有所规定,但在负荷强度上没有明确要求;其次,训练的量和负荷强度的提升是要逐渐进行的;最后,不管在什么样的情况下,运动员技术的正确性、熟练性都要得到保证。

(2)要将训练的最终目的明确下来,使运动员训练的积极性得到有效提升。在排球运动训练中运用这一方法时,要灵活地与一些比赛或游戏活动有机结合起来,从而使运动员的训练兴趣和训练效果都得到保证。

2.间歇训练法

在进行完一定量的运动训练后,按照严格规定的时间和方式休息,并且下一次训练是在机体机能尚未完全恢复的情况下进行的训练方法,就是间歇训练法。

一般来说,间歇训练法的类型有两种,一种是慢速间歇训练法,其主要特点是练习强度不大(30%～50%);另一种是快速间歇训练法,其主要特点是练习强度较大(50%～80%)。

将间歇训练法运用于排球运动训练过程中,需要满足以下几个方面的条件。

(1)要将训练的任务明确下来,在此基础上对间歇训练的方案进行合理安排。其中,训练的量、负荷强度、重复次数、间歇时间及休息方式几个方面是要综合考虑的。

(2)运动员在运动训练中运用间歇训练法一段时间,并且有了一定的适应和提高后,就需要根据训练任务和具体情况来进行适当的调节,从而保证训练的发展性。

(3)间歇训练时往往选择轻微活动的休息方式,因为这种方式能够使血液循环速度加快,为代谢所产生废物的排除提供帮助。

3. 循环训练法

循环训练法,就是首先将运动训练的具体目标确定下来,然后通过设置若干练习站(点)的方式来使运动员按照规定的程序依次完成每站(点)的训练方法。

循环训练方法对于排球运动中运动员的身体训练和技能训练都是适用的。训练方法应用过程中需要对以下几个方面的事项加以注意。

(1)将训练的目标确定下来,然后根据目标来确定各站的内容和站的数量。一般地,训练内容应为运动员掌握的、重点突出的。中度或轻度的积极性休息是较为常见的休息方式。

(2)要根据运动员的实际情况确定训练负荷。每站练习的数量、强度、间歇时间、循环次数等,都会对训练负荷的安排产生影响。

(3)循环练习的形式要适时进行一定的变换和组合调整。这对于运动员练习积极性的提升是有帮助的。循环训练的方式有很多种,比如常见的流水式、轮换式、分配式等,具体要以运动员的不同训练情况为依据加以安排。

4. 持续训练法

在相对较长的一段时间内,持续不断地进行具有稳定性、强度不大的训练的方法,就是所谓的持续训练法。通常来说,这一训练方法对于一般耐力和有氧耐力的发展是较为适用的。

在排球运动训练中运用持续训练法时,需要对以下两个方面的问题加以注意。

(1)由于持续训练的时间较长,练习量较大,因此决定了所采用的负荷强度要相对小一些。一般运动员的心率以控制在 130～160 次/分之间最佳,其对于一般耐力的发展是较为适用的。如果运动员要使自身的专项耐力得以发展,那么就可以提高负荷强度,并持续一定的时间。

(2)在训练期或休整期,中小强度进行持续训练是比较适合的,有助于一般耐力水平的保持和发展。

5. 变换训练法

变换训练法能够通过不同的训练手段来解决同样的问题,同时其还具有有效提升运动员训练的积极性和兴趣的显著作用。

将变换训练法运用于排球运动训练过程中时,一定要对运动员上肢、腰腹、下肢的不同练习加以重视,并且要适时交换这几个方面的训练,从而使局部负担过重的情况得到有效避免,使身体各部位的练习与休息协调合理。

上述几种运动训练方法,特点和作用各异,这就要求在排球运动训练中,为了取得理想的训练效果,需要根据实际情况和需要,灵活选择和运用一种或者几种训练方法综合运用。

(二)排球运动专项训练方法

1. 串联训练法

串联训练法,实际上就是将运动训练中各个单项技术训练有机结合起来的一种综合训练方法,能够使运动员的战术意识得到有效培养和提升。

在排球运动训练过程中,教练员要在排球比赛要求的基础上,有针对性地设计出多种串联训练方法,从而为运动员达到实战要求提供一定的帮助,为取得良好的排球运动成绩创造良好的条件。需要强调的是,教练员在运用串联训练法来对排球运动员进行训练时,一定要从运动员的实际情况出发。

2. 分组训练法

将运动员分成若干组,来分别进行同一内容或不同内容练习的训练方法,就是所谓的分组训练法。其广泛应用于排球运动训练中,能够有效提高排球运动中不同位置的技术水平。

3. 多球训练法

多球训练法,实际上就是通过多个球进行有一定密度和节奏感的训练方法。其在排球运动训练过程中也经常会用到。

从实践中可以得知,多球训练法在排球运动训练过程中运用的效果是非常理想的。但是需要强调的是,多球训练并不是在所有的训练中都是适用的。同时,在采用多球训练时,要做好捡球队员的组织工作,同时保护措施也不能忽视,以保证运动训练的安全性。

4. 对抗训练法

通过模仿排球比赛中的对抗形式,来进行一些专项技术训练的方法,就是对抗训练法,实际上其是实现赛练结合的重要训练方法。要想在排球运动训练中运用对抗训练法并取得理想的训练效果,就需要教练员在安排运动员进行对抗性训练时,要尽可能地保持对抗双方实力的均衡。

5. 竞赛训练法

竞赛训练法,实际上就是那些需要分出胜负的对抗性训练方法。将这一训练方法运用于排球运动训练中,能够使运动员训练的兴趣和积极性得到有效激发和提升,这对于运动员的技术、战术水平和心理状态更加接近实战也是有所助益的。除此之外,还会对运动员技战术能力在正式比赛中的正常发挥和缓解赛前紧张情绪产生重要影响。

6. 极限训练法

极限训练法在排球运动训练中有着非常广泛的应用,其所起到的作用主要是提升运动员的排球专项素质。一般来说,极限训练法进行专项训练所采取的训练内容主要是高密度、大强度、长练习时间的。同时,其对训练的质量的要求也非常高。还需要注意的是,在排球运动训练中运用极限训练法时,教练员还要高度重视运动负荷安排的合理性,具体来说,就是要求与排球运动员的个体特点和运动能力相适应,不可过大,也不能过小。

第四节　排球运动训练管理系统的构建

一、排球运动训练管理的原则

在对排球运动训练进行管理时,需要遵循以下几个方面的原则。

(一)教育性原则

在排球运动训练管理过程中,首先要将训练对象明确下来,然后对运动人才的培养目标进行强调,并且将其作为首要目标,对排球运动员有着非常严格的管理,将其思想道德品质的培养和教育作为关注的重点,从而使其发展具有全面性特点。

(二)差异性原则

由于排球运动员的来源渠道是多个方面的,这就会导致运动员之间的专项技战术水平上存在着一定的差异性,且每年都会有运动员的流动。因此,这就要求教练员在实际训练过程中,根据运动员的不同特点,区别对待运动员,并采取相应的方法和手段将训练内容确定下来。

(三)阶段性原则

运动员运动训练水平的发展和提升是具有阶段性特点的,这就要求教练员首先要对运动员的身体素质、运动水平等加以测量,并以此结果为依据来对运动员进行相同阶段的训练。各阶段训练任务是不同的,具体要以年度竞赛总体或主要目标为依据来对各个阶段的训练工作中心要点内容进行相应安排。

二、排球运动训练的目标管理

在排球运动训练的计划安排与组织管理过程中,需要围绕的目标主要有两个方面:一个是多年规划目标,一个是长远规划目标。

在排球运动训练中实施目标管理,要以运动员的实际水平和在一定时期运动员所能提高的幅度为主要依据,将训练目标科学地制订出来。同时,目标的现实性特点也是必不可少的,经过运动员自身努力能够得到有效实现,运动员在将目标明确下来之后,充分激发出其上进心和进取心,从而将其积极性充分调动起来。除此之外,对目标进行及时的调整也是非常有必要的,只不过在调整时要以变化的情况和出现的问题为依据来进行,对偏离目标的行动加以修正,从而使排球运动训练的科学性、合理性得到保证。

三、排球运动训练的管理组织

在排球运动训练中,管理组织所起到的作用是非常重要的。从某种程度上来说,管理组织的行为往往会对运动员训练水平和比赛成绩产生决定性的影响。因此,管理组织人员在行为上相互协调配合,以及他们对各自的职能有明确认识和发挥各自的职能是非常重要的。

（一）行政领导

行政领导的地位为决策者,其职责非常重要,具体为:确定训练过程中的一般任务和局部任务及其阶段的划分,以及给每一个参加控制训练阶段人员的具体任务,协调各部门之间的职能联系,监控运动训练的作用结果,及时处理各职能部门反馈回来的信息,校正系统目标。

管理任务和管理目的是否达成,关键在于行政管理人员与教练员所采用的管理方法。体育管理学进入运动训练领域,也只是近几年的事情,因此在应用上还存在着一定的不足。

（二）教练员

在训练工作中,教练员是非常重要的角色,能直接参与其中,并且将其控制主体的地位充分体现出来,以此为依据将训练计划制订出来。同时,还要做好专业技术的监测工作。可以说,其是以运动训练的组织者和实施者的身份存在的。具体来说,教练员的主要职责在于:以训练系统的协调部门和有关人员提供的各种信息,以及自己在训练过程中掌握的各种反馈信息材料为主要依据,来不断修正训练教育过程。

排球运动训练水平的提高,与教练员的综合水平是有着非常密切的联系的。究其原因,主要是由于教练员在运动训练过程中是非常重要的能动因素,集运动训练的主导、运动训练的辅助、高水平运动员的塑造者三重身份于一体。由此可见,教练员综合素质的高低会对运动员产生重要影响。

(三)科研人员

科研人员所起到的直接作用不如教练员,但是训练成果如何,往往是受到科研人员的有力控制的。[①]

在运动训练中,教练员在理论知识和管理经验上是比较丰富的,但是在根据运动员的特点采取最有效的训练手段和方法方面,以及组织力量去开发这一肥沃土壤的得力措施方面是较为欠缺的。科研人员的配备和使用就是使这一方面的不足得到有效弥补。

(四)医务人员

运动训练工作所涉及的方面是非常广泛的,有一些是需要医务人员的职责所在。例如,较为主要的运动员在校期间的各项生理指标、营养状况指导、心理机能测试、运动伤病的治疗和防治都包含其中。因此,医务人员也成为管理组织中非常重要的一个部分。但是,从相关的调查中发现,目前运动队有专门的医疗保健人员是还在少数,需要进一步改善。

四、排球运动训练管理的对策

(一)将科学有效的激励机制建立起来

一套完整的激励机制,能够对运动员的训练结果进行评价,并对这一活动的主体取得的积极成果给予肯定和褒奖。同时,也能够对主体的过失给予一定的惩罚。由此,能够对整个运动训练的运作向良性方向发展起到积极地推动作用。对于教练员来说,绩效挂钩就是非常好的一个激励机制。

需要强调的是,在建立激励机制时需要对以下三个方面加以注意。

(1)发展取向上,要对运动员积极地参与运动训练有利。

(2)价值取向上,要对调动运动员的积极性、主动性、创造性有利,并且形成良好的训练氛围。

(3)观念层面上,要对运动员认同和肯定自身价值有利。

(二)完善教练员聘用制度,提高其综合素质

1. 教练员的聘用

在运动训练中实行教练员竞争机制、竞聘上岗,是进行专业训练人才

---

① 张杰伟.北京市高校高水平排球队运动员学习与训练管理研究[D].北京:北京体育大学,2007.

的最佳选择途径。因此,制订和建立一套完整的教练员竞聘制度是非常重要且必要的。

2. 教练员综合素质的提高

在排球运动训练中,运动员的训练质量会直接受到教练员职业水准、教育观念、训练方法及运用现代科学技术创新能力等方面的影响。从相关调查中发现,教练员以高校的体育教师为主,具有一定的不足之处,如从事专业训练时间较短,学历和职称相对较低,体育科研与运动训练实践结合的程度不高,训练工作的业余性。鉴于此,教练员就要从自身出发,通过各种方式和途径来提升自身综合素质。例如,做好教练员的培养与培训工作,使这方面的措施和策略更加完善;对教练员自身的知识结构加以分析,使其保持科学性与合理性,并不断与时俱进创新,从而使运动员在训练理论与实践方面的需求都能得到较好满足,进而使训练课的质量有所提升。

(三)科学化训练,提高整体训练水平

现阶段,先进科学技术发展迅速,在运动训练中的应用也越来越广泛,因此两者之间的关系是非常密切的。科学技术与运动训练的有机结合,能使运动员在有限的时间内取得理想的训练质量。在排球运动训练中,体能训练是处于基础地位的,技能训练是在体能训练的基础上进一步的升华。因此,训练技能和强化体能两手都要抓、两手都要硬。除此之外,还要通过科学分配训练时间、合理安排训练密度;保证训练质量,提高训练强度;科学合理地增加比赛时间等方式来使运动员的训练水平得到整体上的提升。

(四)完善运动员档案体制

为运动员建立详细的运动档案,是教练员在运动训练过程中需要做的重要事情。具体来说,就是能够对运动员的鉴定、政审等工作实事求是地认真对待,使材料能够将运动员的思想、训练、比赛情况全面地反映出来。另外,如果条件允许,建议建立运动员数据库和数据查询系统,从而为运动员所有资料的调用提供便利。

(五)建立科学训练质量考核体系

为了能够客观认识到训练中存在的问题和遇到的困难,并且对其进行适时有效的调整,促使训练目标的顺利实现,是非常有必要建立一个科学的训练质量评估体系的。

（六）构建场地器材以及医疗保健体系

对于排球运动训练来说，加强场地、器材、设备的投资，充实和完善训练器材和设备，是一个良好训练条件得以建立的重要方式和途径。在场地、器材、设备的共用方面也要做好相应的组织工作，使这些物质资源得到有效的利用，将场地、器材、设备的利用率充分发挥出来。

除此之外，良好的后勤保障也是排球运动训练和竞赛必不可少的重要条件，其会对训练和竞赛水平产生直接影响，且不可忽视，尤其是对运动员的医疗保健，能使训练工作能在良好的竞争机制中得到有力保证。

第五章 排球比赛致胜之体能因素及科学训练

现代排球运动比赛竞争激烈,双方运动员之间的较量都建立在良好的体能素质基础之上,随着排球运动比赛对运动员的综合竞技比赛能力的要求不断提高,排球运动员的良好体能素质成为排球比赛致胜的一个非常重要的因素,而且排球运动的体能致胜因素是排球运动员其他致胜因素(如技术、战术)的重要基础,如果没有良好的体能素质,则排球运动员的其他竞技能力和素质就不会得到顺发挥,因此会导致排球运动员整体竞技能力水平不高。鉴于此,本章主要就排球运动员的体能素质科学训练进行系统分析与研究,以为排球运动员切实提高体能素质和综合竞技能力奠定良好体能素质基础提供理论与实践指导。

第一节 排球运动技能与身体素质的关系

一、排球运动技能与身体素质整体关系结构

排球运动技能与排球运动身体素质之间具有十分密切的关系。概括来讲,排球运动员的身体素质是排球运动员学练和掌握排球运动技能的重要基础。

深入分析排球运动技能与身体素质之间的关系,以排球运动专项身体素质为例,排球运动的各项身体素质之间有着交错复杂的关系,其为排球运动技能提供全面的体能素质支持,以确保排球运动员正确、高效地完成排球运动技能(图 5-1)。

二、不同排球运动技能所需身体素质细分

从生理学和运动力学等学科角度出发,体育运动项目运动技能的完成需要运动者有机体的生理性活动的综合调动和操作实施,运动行为需要一定的身体素质基础,然后结合不同运动项目的规则要求和技能特点实现运

动行为的有机协调,如此运动者才能完成相应的运动技能。

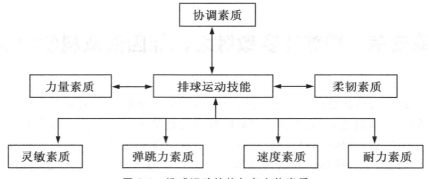

图 5-1　排球运动技能与各身体素质

在排球运动中,排球运动技能具体是指运动者在排球运动过程中完成排球运动专项动作的能力,这种能力的表现需要一整套复杂的生理过程,具体来说,排球运动员在排球运动训练、游戏、比赛环境中,接受周围环境的各种信息(如人、球位置,赛况发展,对方意图等),然后将这些信息传入到大脑,经过思维过程,大脑做出准确判断,并采取具体行为措施,即在大脑皮质主导下对不同肌肉群的协调能力。如此,排球运动员就能在尽快接受和处理外部信息后,在第一时间里正确完成对机体的协调调度,并促使相应的肢体和肌肉完成具体的动作任务。

排球运动员要准确、快速、高效地完成排球运动技术动作,需要运动员具备完成该专项技术动作所具备的专项体能素质,否则,排球运动员的技术动作完成度就会打折扣,其所实施的技术、战术的效果也会打折扣。排球运动技能与运动员的各项身体素质之间具有密切的关系(表 5-1)。

表 5-1　排球运动技能与身体素质的密切关系①

排球运动技能	技术因素	身体素质要求与表现
准备姿势	准备姿势	小腿屈肌群用力(屈踝)
		大腿伸肌群用力(屈膝)
		臀大肌等用力(屈髋)
		深层背部肌群用力(上体前倾)
		放松能力

①　宋元平．排球运动技能学习分析[M]．北京:北京体育大学出版社,2010.

续表

排球运动技能	技术因素	身体素质要求与表现
移动	反应动作	反应接球——速度素质、灵敏素质
	移动步法	移动速度(前后左右变向移动速度)——灵敏素质
		小腿屈肌肌群用力(踝蹬地);大腿屈肌肌群用力(膝部伸展);臀大肌等用力(腰部伸展)——爆发力、肌肉耐力
		踝关节——柔韧素质
传、垫球	击球用力	手部肌群用力(手指);前臂屈肌肌群用力(抖腕);大臂伸肌肌群用力(伸肘);浅层背部肌群用力(抬臂);深层背部肌群用力(抬起上体);胸部肌群用力(抬臂);腹部肌群用力(上体前倾);大腿伸肌肌群用力(展膝);小腿屈肌肌群用力(踝蹬伸)——爆发力
	连续动作	垫球时压腕;肩关节伸展;上体后仰与扭转;屈伸髋和跨步;踝屈伸——柔韧素质
		移动速度(变向);反应速度(滚动、前扑、鱼跃等)
		时机节奏,放松——协调能力
扣球、拦网	助跑	移动速度——速度素质
		移动步法——灵敏素质
		时机节奏,放松——协调能力
	起跳	大腿伸肌肌群用力(展膝);小腿屈肌肌群用力(踝蹬伸);臀大肌等用力(腰部伸展);腹部肌群用力(控制腰部);深层背部肌群用力(上体抬起);背阔肌、棘下肌等用力(臂后摆);三角肌斜方肌等用力(臂后摆)——爆发力
		手臂后振,上体后仰——柔韧素质
	空中击球	三角肌、斜方肌用力(摆臂);深层背部肌群用力(上体后仰);腹部肌群用力(上体转动);胸大肌、背阔肌等用力(摆臂);大臂伸肌肌群用力(伸肘);前臂屈肌肌群用力(甩腕);手部肌群用力(手指屈伸)——爆发力
		时机节奏,放松——协调能力
		肩伸展,上体后仰与转动,手腕屈伸——柔韧素质
	落地	落地后的连续动作反应——速度素质、灵敏素质
		落地后的脚步移动——灵敏素质

续表

排球运动技能	技术因素	身体素质要求与表现
发球	抛球	控球能力——协调能力
	击球	三角肌、斜方肌、肩胛肌、胸大肌、背阔肌等用力（摆臂）；深层背部肌群用力（上体转动）；腰部肌群用力（上体转屈）；大臂伸肌肌群用力（屈肘）；前臂屈肌肌群用力（甩腕）——爆发力
		时机节奏，放松——协调能力
		上体转动与后仰，展肩——柔韧素质
	击球后连续动作	移动速度——灵敏素质
比赛		除上述各项素质外，还需持续运动的耐力素质

总结概括来说，排球运动比赛能力构成中，排球运动员的技能与体能均为重要的致胜因素，二者之间关系密切，相互影响。一方面，正如前面所详细解析的，各项排球运动专项技能都需要与之相对应的运动员的体能素质做基础；另一方面，排球运动员的排球运动技能水平的提高，有助于促进其身体素质的进一步发展。排球运动员的排球运动技能与身体素质，二者相辅相成、相互影响、相互促进、共同提高。

第二节　排球运动一般体能训练

一、排球运动一般力量素质训练

（一）力量素质概述

关于力量素质的概念，我国学者张英波指出，力量素质是"人体肌肉系统工作时克服或对抗阻力的能力，是人们完成动作的动力来源"。[①] 力量素质是人体活动的重要基础，人体的一切生理活动都离不开力量素质。

作为人体基本的体能素质，力量素质具有多种表现形式，在排球运动中，运动员的力量素质应用主要表现为爆发力。

---

① 　张英波．现代体能训练方法［M］．北京：北京体育大学出版社，2007.

（二）力量素质训练

1. 肩部力量训练

投掷实心球：肩上单手或头上双手掷实心球练习。

负重臂绕和绕环：双手持哑铃做前平举、侧平举和臂绕环练习。

提放双肩：两脚开立，身体正直，上提双肩至颈部，双肩感到紧张，数秒后还原，反复练习数次。

2. 手臂力量训练

引体向上：双手分握单杠，向上拉引身体（图 5-2）。

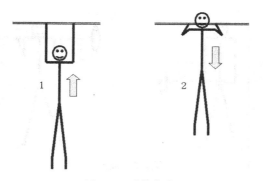

图 5-2　引体向上

双杠臂撑起：双手撑双杠，直臂支撑身体，再屈肘撑身体数秒，还原，反复练习（图 5-3）。

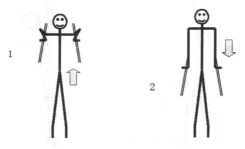

图 5-3　双杠臂撑起

颈后伸臂：两脚开立，双手反握轻杠铃于头后部，伸直双臂上举杠铃，数秒后还原（图 5-4）。

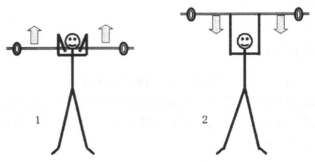

图 5-4　颈后伸臂

屈肘：两脚开立，双手体前反握杠铃。屈双臂上举杠铃，数秒后还原（图 5-5）。

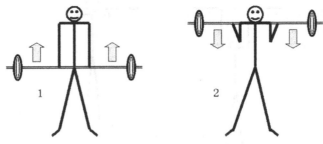

图 5-5　屈肘

倒立走：倒立，双臂支撑身体移动（图 5-6）。

爬绳：双手握住绳索，用力向上拉引身体（图 5-7）。

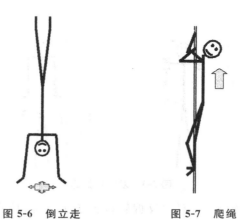

图 5-6　倒立走　　　　**图 5-7　爬绳**

推实心球：双脚左右开立，持实心球将球推出（图5-8）。

图 5-8　推实心球

3. 下肢力量训练

跳远：面对沙坑或垫子，双脚开立，双臂上举，下蹲后双腿迅速蹬伸，向前上方跳起，前引双脚落地。

跳深：采用8～10个高60～80厘米的跳箱，间距约1米，依次横向排列，依次跳上跳箱、再跳下。

仰卧提膝：仰卧，屈膝抬腿，双手拉膝贴近胸部，保持动作10～30秒，双腿交替练习（图5-9）。

图 5-9　仰卧提膝

侧卧腿绕环：发展大腿内侧肌群力量。斜板上侧卧，举腿绕环（图5-10）。

图 5-10　侧卧腿绕环

4. 躯干力量训练

俯撑腿臂平伸：俯姿，直臂撑地，双腿跪撑地，右臂前伸，后伸左腿，右腿与躯干成一条直线（图5-11）。

右臂　　　　　　左腿

图 5-11　俯撑腿臂平伸

俯姿平撑:俯卧,双臂屈肘 90°支撑身体,双腿伸直,脚尖撑地,固定腹背部(图 5-12)。

俯姿桥撑:在俯姿平撑的基础上,提起臀部,稍屈膝,身体成桥形姿势固定(图 5-13)。

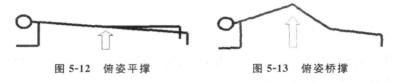

图 5-12　俯姿平撑　　　　　　图 5-13　俯姿桥撑

实心球俯卧撑:两脚分开,脚尖支撑,双手撑实心球,躯干平直,在球上做俯卧撑(图 5-14)。

图 5-14　实心球俯卧撑

瑞士球俯卧撑:两脚分开,脚尖支撑,双手撑瑞士球,躯干平直,在球上做俯卧撑(图 5-15)。

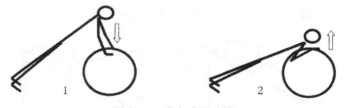

图 5-15　瑞士球俯卧撑

仰姿臂撑:仰卧,双臂屈肘支撑身体,双腿伸直,用脚撑地,提髋,身体成直体姿势,固定(图 5-16)。

侧卧两头起:侧卧,双臂伸直,双手于头上合拢,双腿伸直、并拢。双腿和双臂离地,固定(图 5-17)。

图 5-16 仰姿臂撑   图 5-17 侧卧两头起

俯卧伸背：将瑞士球放在凳上，俯卧在瑞士球上，双手握凳两侧，提双腿，使身体平直悬空（图 5-18）。

图 5-18 俯卧伸背

背肌转体：俯卧在山羊上，固定腿部，双手头后交叉抱头，上体后屈，再还原至水平位置左右转体，反复练习（图 5-19）。

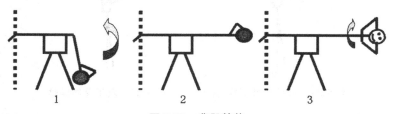

图 5-19 背肌转体

顶墙送髋：前臂靠墙支撑身体，头靠在双手上，身体向墙倾斜。后脚正对墙，脚跟贴在地面（图 5-20）。

弓箭步压髋：弓箭步站立，一腿前伸，膝关节成 90°，膝关节在踝关节正上方。另一腿体后膝触地，下压后面腿和髋部（图 5-21）。

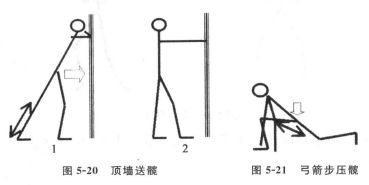

图 5-20 顶墙送髋   图 5-21 弓箭步压髋

仰卧转髋：垫上仰卧，头后握杆固定双手，收腹屈膝，左右转髋（图 5-22）。

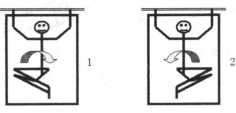

图 5-22　仰卧转髋

双手扶腰下推：站立，双手在髋部以上部位扶腰，手指向下推手掌，伸展腰部（图 5-23）。

双手叉腰转体：站立，双手在髋上叉腰，上体转向一侧，同时头后转（图 5-24）。

图 5-23　双手扶腰下推　　　图 5-24　双手叉腰转体

负重转体：两脚开立，屈膝，肩负杠铃，两手平伸扶杠铃，侧转体 90°（图 5-25）。

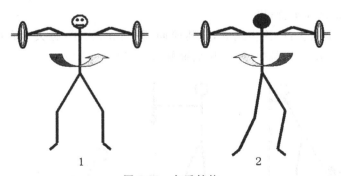

图 5-25　负重转体

负重体侧屈：两脚开立，肩负杠铃，左右屈上体 90°（图 5-26）。

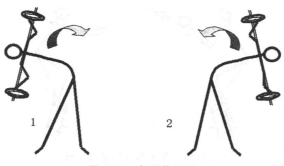

图 5-26　负重体侧屈

负重体前屈:两脚开立,肩负杠铃,前屈身体 90°(图 5-27)。

图 5-27　负重体前屈

持哑铃体前屈转体:两脚开立,一手持哑铃,接触对侧脚尖 (图 5-28)。

图 5-28　持哑铃体前屈转体

5. 全身力量训练

踩 T 形板传接实心球:两人一组,两脚开立站在 T 形板上传实心球 (图 5-29)。

图 5-29 踩 T 形板传接实心球

肩上侧后抛实心球:开立,胸前持球,屈膝,球转到身后,下肢发力,躯干回转,肩上后抛球(图 5-30)。

图 5-30 肩上侧后抛实心球

仰卧举腿:瑞士球上仰卧,双手握横杠,直腿上举(图 5-31)。

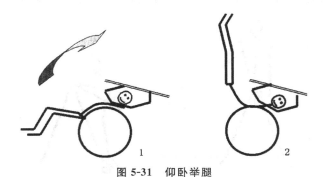

图 5-31 仰卧举腿

二、排球运动一般速度素质训练

(一)速度素质概述

速度是指人体(或身体的某部位)进行快速运动的能力,具体是人体或人体某一部位快速做出运动反应、快速完成动作、快速移动的能力。

（二）速度素质训练

1. 反应速度训练

两人拍击：两人一组，拍击对方背部，而又不被对方击中（图5-32）。

图 5-32　两人拍击

起动追拍：两人一组前后相距 2～3 米慢跑，听到信号开始加速跑，后者追前者，追上并拍击其背部就停止（图5-33）。

图 5-33　起动追拍

反应起跳：围圈面向内站立，一人在圆心持小竹竿（竿长超过圈半径）绕圈划圆，竿经谁脚下即起跳（图5-34）。

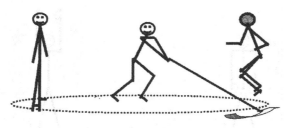

图 5-34　反应起跳

贴人游戏：两两前后面向圈内围成一圈，间隔 2 米。两人圈外追逐，被追者跑至某两人前，则后面第三者逃跑（图5-35）。

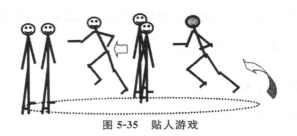

图 5-35　贴人游戏

2. 动作速度训练

1）上肢和躯干动作速度训练

双球支撑快速扩胸：俯卧，双臂前臂支撑两瑞士球，双臂合拢、打开，球紧贴、分开（图 5-36）。

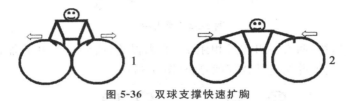

图 5-36　双球支撑快速扩胸

俯卧快速提转哑铃：俯卧在瑞士球上，双手持哑铃，快速外展、提拉、收回（图 5-37）。

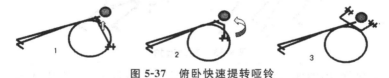

图 5-37　俯卧快速提转哑铃

纵向飞鸟：体侧直臂快速提杠铃至头顶，再还原（图 5-38）。

图 5-38　纵向飞鸟

横向飞鸟：体侧向后直臂水平、快速移动哑铃至最大限度，再还原（图 5-39）。

图 5-39   横向飞鸟

仰卧快速引体：仰卧，双脚瑞士球上支撑，双手固定，快速引体向上（图 5-40）。

图 5-40   仰卧快速引体

2）下肢动作速度训练

双脚起跳和落地依次跳栏架（图 5-41）。

图 5-41   双脚起跳和落地依次跳栏架

绳梯 180°转体跳（图 5-42）。

图 5-42   绳梯 180°转体跳

3．位移速度训练

（1）前后摆臂练习如图 5-43 所示。

（2）高速单腿支撑跑动作平衡练习如图 5-44 所示。

图 5-43　前后摆臂练习　　　图 5-44　高速单腿支撑跑动作平衡练习

（3）高抬腿跑 50 厘米间距的绳梯如图 5-45 所示。

图 5-45　高抬腿跑 50 厘米间距的绳梯

（4）单腿（双腿）过栏架跑如图 5-46 所示。

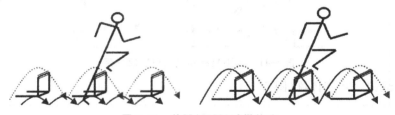

图 5-46　单腿（双腿）过栏架跑

（5）拖轮胎（拖人）快跑如图 5-47 所示。

图 5-47　拖轮胎（拖人）快跑

三、排球运动一般耐力素质训练

(一)耐力素质概述

耐力素质是指个体克服工作过程中所产生疲劳的能力。它是体现个体健康水平或体质强弱的重要标志。

对于一般个体来说,个体的耐力素质可以表现在其持续的参与身体活动方面;对于运动员来说,其耐力素质更多地表现在运动期间有机体克服由于身体活动和肌肉活动而引起的体力上的疲劳的能力。通常,运动者的耐力水平越高,其克服疲劳的能力越好。

排球运动强度大,对抗激烈,虽然不像足球运动那样对运动员的耐力素质要求高,但是对运动员的耐力素质也有较高的要求,主要表现在对运动员的有氧耐力有较高要求。

(二)耐力素质训练

(1)大步快走练习。每组 1 000 米左右,4～6 组,间歇 3～4 分钟。强度为 40％～50％。

(2)两人前后相距 10 米竞走追逐。每组 400～600 米,4～6 组,强度为 50％～60％。

(3)变速跑。根据快—慢—快,或慢—快—慢,或随机速度跑进。

(4)间歇跑。在身体尚未完全恢复的情况下进行下一次跑的练习,心率在 120～140 次/分。

(5)匀速持续跑。负重长跑 1 小时以上,心率控制在 150 次/分左右。

(6)越野跑。在公路、树林、草地、山坡等场地进行。心率控制在 150～170 次/分。

(7)左、右跨步跳。两脚开立,左腿蹬地,右腿向右前方跨步,换向反复练习。

(8)台阶交换跳。根据一定节奏跨上和跨下,一脚上后一脚下,连续练习 5 分钟,反复练习。

(9)跳绳。进行单人、双人、带人跳绳等练习。

四、排球运动一般柔韧素质训练

(一)柔韧素质概述

柔韧素质,也称柔韧适能,具体是指人体在运动安全前提下,完成动作的最大活动幅度、最大活动范围的肌肉骨骼系统特征。[①]

柔韧素质也是构成人体体能素质的重要内容,柔韧素质对人体的一般生理活动并无太大影响,但是对于运动员来说,其多种技术动作的完成都需要肢体、关节、肌肉、韧带等的伸展才能准确配合完成。因此,如果运动员缺乏柔韧性,不仅会影响到其专项技术的掌握,在运动过程中,还会更容易出现运动损伤。

对于排球运动员来讲,柔韧素质表现在多个方面,形成多个类型。

排球运动虽然不像武术、体操等项目对柔韧性要求那么高,但由于排球运动员在某些情况下有很大幅度的跨、展、拉、弯等动作,如跨步抢救低而远的球、展腹和拉臂扣位置偏后的球等,所以对柔韧性也有一定要求。排球运动中的许多移动和击球动作的完成,都需要运动员具备良好的柔韧素质。

(二)柔韧素质训练

1. 颈肩柔韧训练

拉头练习:分别进行前拉头、后拉头和侧拉头练习(图 5-48)。

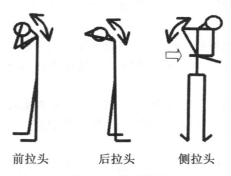

| 前拉头 | 后拉头 | 侧拉头 |

图 5-48　拉头练习

向内拉肩:两脚开立,身体正直,一手牵拉对侧肘部,拉近身体,数秒后还原,换另一侧重复练习(图 5-49)。

向上拉肩:两脚开立,上体侧屈,抬起一侧肘关节,另一只手在头后抓住抬起的肘关节拉引(图 5-50)。

---

① 王健,何玉秀．健康体适能[M]．北京:高等教育出版社,2010.

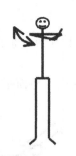

图 5-49 向内拉肩　　　图 5-50 向上拉肩

持哑铃颈拉伸:双脚并拢站立,右手持哑铃,肩部下沉。左手经过头顶扶头右侧左拉头,头侧贴左肩(图 5-51)。

背向压肩:背对墙站,后抬双臂,屈膝降低肩部高度(图 5-52)。

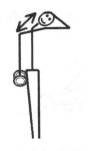
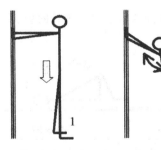

图 5-51 持哑铃颈拉伸　　　　图 5-52 背向压肩

助力顶肩:两人一组,同伴身体后仰,用髋部向前上顶练习者肩胛部位(图 5-53)。

握棍直臂绕肩:双手握一木棍,直臂棍从体前经头上绕到体后。再还原(图 5-54)。

图 5-53 助力顶肩　　　　图 5-54 握棍直臂绕肩

2. 躯干柔韧训练

直臂开门拉胸:门框内站立,双臂向斜上方伸直顶门框,身体前倾拉伸胸部(图 5-55)。

站立伸背:站立,双手扶栏杆,上体前倾至与地面平行(图 5-56)。

图 5-55　直臂开门拉胸　　　　图 5-56　站立伸背

仰卧团身:仰卧,屈膝,脚滑向臀部。双手扶膝向胸和肩部牵拉,提髋(图 5-57)。

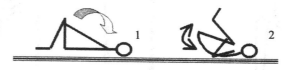

图 5-57　仰卧团身

上体俯卧撑起:俯卧,双手在髋两侧撑地,双臂伸直撑起上体,头后仰,背弓(图 5-58)。

弓箭步压髋:弓箭步站立,屈膝 90°与地面垂直,降低重心,后面腿的膝部触地,下压后腿髋部(图 5-59)。

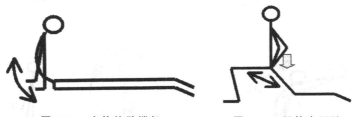

图 5-58　上体俯卧撑起　　　　图 5-59　弓箭步压髋

倒立屈髋:仰卧,举腿垂直倒立,头、肩、上臂支撑,双手扶腰,双腿并拢,直膝,双脚触地(图 5-60)。

跪立背弓:跪立,双手扶腿逐渐移至脚跟,形成背弓(图 5-61)。

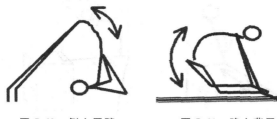

图 5-60 倒立屈髋　　　　图 5-61 跪立背弓

俯卧背弓:俯卧,双手抓住双踝,提起胸部和双膝离开垫子(图 5-62)。

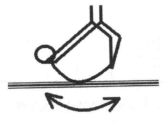

图 5-62 俯卧背弓

3. 下肢柔韧训练

背后拉毛巾:双手背后,上下握一毛巾两端,两手逐渐靠近(图 5-63)。
站立拉伸:背贴墙站立,同伴抓练习者的腿上举(图 5-64)。

图 5-63 背后拉毛巾　　　　图 5-64 站立拉伸

弓箭步拉伸:弓箭步站立,前脚续前移,后面腿下压(图 5-65)。
体侧压腿:侧对高台,将一只脚放在台上。双手头上交叉,体侧屈(图 5-66)。

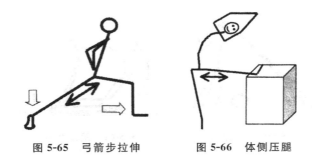

图 5-65　弓箭步拉伸　　　　图 5-66　体侧压腿

直膝分腿坐压腿:双腿分开坐在地面,转体,上体前倾贴在一条腿上(图 5-67)。

图 5-67　直膝分腿坐压腿

五、排球运动一般灵敏素质训练

(一)灵敏素质概述

灵敏素质是在各种环境条件下迅速、准确和协调完成动作的能力。灵敏素质是一种典型的复合型素质,是人经过视觉感受在大脑皮层神经过程的转换,使已经形成的各种动作动力定型适应运动突变的能力。

(二)灵敏素质训练

(1)正踢腿快速转体练习。

(2)弓箭步转体、立卧撑跳转体练习。

(3)前、后滑跳移动练习。

(4)快速变换方向移动跑练习。

(5)越障碍跑快速跑进。

(6)跳绳练习:变速跳绳、跳波浪绳、跳蛇形绳练习。

(7)快速完成组合动作练习,动作组合参考如下。

①交叉步→侧跨步→滑步。

②滑跳→交叉步跑→转身滑步跑。

③转髋→过肋木→前滚翻。

④腾空飞脚→侧手翻→前滚翻。

⑤旋风脚→侧手翻→前滚翻。

⑥跨栏→钻栏→跳栏→滚翻。

⑦摆腿→后退跑→鱼跃前滚翻→立卧撑。

⑧悬垂摆动→双杠跳下→钻山羊→走平衡木。

⑨倒立前滚翻→单肩滚翻→侧滚→跪跳起。

第三节 排球运动专项体能训练

排球运动训练包括一般训练和专项训练,在排球运动体能训练中,排球运动一般体能训练是排球运动专项体能训练的基础,排球运动专项体能训练是排球运动一般体能训练的巩固与提高。排球运动体能训练以取得比赛的胜利以及创造更高的运动成绩为主要目的。随着现代排球运动的不断发展,排球对抗日益增强,比赛竞争激烈,再加上排球运动规则的不断完善,为使运动员在排球比赛中表现出高超的竞技水平,必须重视排球专项训练,促使运动训练的内容更加突出专项,排球运动体能训练的内容也要围绕排球运动专项的需要来选择和确定。

一、排球运动结合移动技术的专项体能训练

(1)快速转身跑练习(图 5-68)。

(2)滑步移动练习。要求步幅小,频率快(图 5-69)。

图 5-68 快速转身跑练习   图 5-69 滑步移动练习

(3)交叉步移动练习(图 5-70)。

(4)向一侧晃动变向做滚翻或鱼跃(图 5-71)。

图 5-70　交叉步移动练习　　　图 5-71　向一侧晃动变向做滚翻或鱼跃

（5）负砂衣连续直腿跳、半蹲跳、深蹲跳、跳远练习（图 5-72）。

图 5-72　负砂衣连续直腿跳、半蹲跳、深蹲跳、跳远练习

（6）负杠铃全蹲、半蹲练习（图 5-73）。

图 5-73　负杠铃全蹲、半蹲练习

（7）在排球场地上进行 36 米移动练习（图 5-74）。

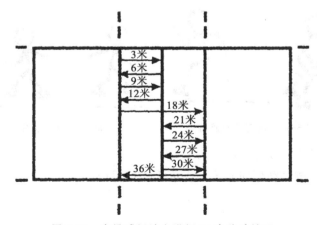

图 5-74　在排球场地上进行 36 米移动练习

二、排球运动结合击球技术的专项体能训练

排球运动专项体能训练是为提高运动员的竞技实力奠定基础的,因此排球专项体能训练通常与各种排球技术相结合,以实战中的技术应用为基础,进行专项大强度的体能训练。这里主要介绍以下几种常见排球专项体能训练方法。

（1）徒手进行连续快速挥臂击球、扣球技术动作模仿练习（图5-75）。

（2）手持轻杠铃片进行负重的扣球挥臂练习（图5-76）。

图 5-75　徒手模仿练习　　　　图 5-76　手持轻杠铃片挥臂练习

（3）用扣球手对墙掷垒球、网球等（图5-77）。

（4）徒手用扣球手法挥臂抽击高点的树叶（图5-78）。

图 5-77　扣球手对墙掷球　　　　图 5-78　徒手挥臂抽击

（5）用橡皮筋带牵拉,进行有负荷的挥臂扣球技术的爆发力练习（图5-79）。

（6）持小哑铃或杠铃杆连续做屈腕动作（图5-80）。

图 5-79　橡皮筋带牵拉的爆发力练习　　　图 5-80　屈腕

（7）对墙垫击球练习（图5-81）。

图5-81　对墙垫击球练习

（8）救球练习，近距离快速抛出上、下、左、右各种球，要求练习者将球挡出（图5-82）。

图5-82　救球练习

（9）接近距离扣球练习（图5-83）。

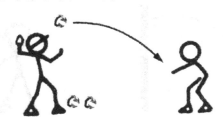

图5-83　接近距离扣球练习

（10）隔网抛击球练习（图5-84）。

图5-84　隔网抛击球练习

（11）多人正式和非正式的实战对抗练习。

第六章　排球比赛致胜之心理因素及科学训练

　　排球比赛对时间与空间的争夺非常激烈,关键时刻运动员瞬时处理球的好坏将直接决定着比赛的胜负,这就要求运动员必须具备出色的运动技能。运动员除了要具备出色的技战术技能外,还要具备优秀的心理品质,这也是排球比赛致胜的重要因素。排球比赛过程非常激烈,容易出现意外情况,而运动员的心理素质在一定程度上决定着比赛的胜负,因此在平时的运动训练中,要将心理训练作为重要的训练内容。

第一节　影响排球运动员比赛的心理因素分析

　　随着现代运动训练的不断发展,教练员和运动员越来越重视心理因素的作用,都采取各种形式的手段与方法加强运动员的心理素质。在平时的运动训练中,教练员要针对运动员的个性特点合理制订更侧重于心理方面的训练,要求运动员提升自己的心理品质,指导运动员在日常训练中要以比赛的心理面对,这有效地提升了运动员的心理水平。为了提升排球运动员的心理品质,首先就要对影响排球运动员比赛的心理因素进行分析,这样才能结合运动员的个性和特点制订相应的心理训练方案。

一、个人因素

(一)适应能力问题

　　对于大多数人而言,一般都倾向于安定的生活。因此在一个陌生的环境条件下,这一部分人容易产生排斥心理,不理智的行为往往会占据上风。在排球运动中,运动员的心理表现也是如此,因此加强排球运动员的适应能力训练是尤为必要的。

　　运动员参加排球比赛的地点并不是固定的,在陌生的环境下,面对不熟悉的场地,不熟悉的器材,运动员往往会产生一些心理问题,需要花费一段时间进行适应和调整。对于那些适应能力强的运动员而言,他们能很快地调整自己的心理,尽快地融入比赛环境之中,因而更容易发挥正常水平,取得优异的比赛成绩。而对于适应能力相对较差的运动员而言,他们面对陌生的环境会产生一定的心理不适,在这样的状态下参加比赛往往难以取得理想的比赛成绩。

（二）个人的心态问题

运动员存在着明显的个体差异,不同的运动员在面对同一对手或者不同的对手时,其心态也是不同的,心态也是制约和影响运动员比赛成绩的重要因素。

在排球比赛中,当对手的实力与自己旗鼓相当时,运动员就容易产生紧张心态,显得较为谨慎。尤其是在双方的比分达到赛点时,这种情况更甚。心理素质较好的运动员往往能将这种压力转变为动力,从而更好地处理比赛中的每一个球,而心理素质较差的运动员往往四肢显得十分僵硬,头脑与身体不同步,所做出的动作不标准,难以达到比赛的要求。另外,当对手的实力与自身相差悬殊时,运动员就会产生轻敌的心理,过于大意,产生松散懈怠的心态。[1] 在这种心态下进行比赛,就难以获得比赛的胜利。

（三）参赛目的不同

不同的运动员有着不同的心理诉求,有些运动员并不渴望团队的胜利,而是追求个人英雄主义,希望在比赛中能充分地展现自己的能力。这种崇尚个人英雄主义,不配合整个团队作战计划的运动员就容易输掉比赛。

（四）自信心问题

不论是在生活、学习、工作中,还是在运动员的运动训练中,自信心都是非常重要的。在运动训练或比赛中,有一部分运动员往往会表现出不自信的风格,这严重影响到运动员比赛成绩的取得。

在排球比赛中,运动员的自信心不足通常表现为发球、拦网、垫球或者击球等动作时犹豫不决,错过得分机会,或者做出的动作不够流畅、破绽百出,令对方有机可乘。另一种情况是,运动员发球或者击球常常失误,导致整个队伍的心理压力急剧增加,运动员在比赛中就会畏手畏脚,显得极不自信,最终无法发挥出正常水平,难以取得理想的比赛成绩。

---

[1] 孙晓辉.影响排球运动员比赛的心理因素及其对策[J].宏观经济管理,2017(01),146-147.

二、外部因素

(一)团队导致的心理因素

排球是一项团队合作项目,因此团队合作对于排球运动而言具有重要的意义。每个人的力量都是渺小的,但是当个人出现在团队中时,就会变得无比强大。在团队中,所有人的目标都是一致的,这样才能为了同一个目标发挥出最大能量。

但是,在具体的排球比赛中,毕竟每个个体都是不同的,有时会由于某名运动员的无心之失,而导致比赛失利,进而影响队员之间相互的信任度。这些情况一旦发生,就容易导致整个团队出现一定的心理问题,需要引起高度重视。

(二)日常训练导致的心理因素

要想成为一名优秀的排球运动员必须要加强日常的训练,心理训练也是日常训练的重要内容。对于一名高水平排球运动员而言,他所获得的成绩与日常的训练是分不开的。[①] 对于一些天赋较高、理解能力好的运动员而言,他们也需要持久的运动训练,否则也是无法发挥出自己应有的实力和水平的。经常进行长期的不间断的心理训练,运动员的心理水平自然就会得到提升,就能在比赛场上发挥出正常水准,从而获得比赛的胜利。

(三)客观环境导致的心理因素

排球运动环境对于运动员而言十分重要,可以说,环境对运动员的心理状况的影响是无法忽视的,运动或者比赛环境中的任何因素都有可能对运动员的心态产生直接的影响。

在竞技体育比赛中,比赛环境对运动员的影响还是非常重要的,一般情况下,在主场进行的比赛会令运动员兴奋,能帮助运动员尽快进入比赛状态。反之,糟糕的比赛氛围和环境则会给运动员造成不良的心理压力,致使他们难以发挥出正常水平。

综上所述,个人主观因素和客观外在环境因素就是制约和影响排球运动员比赛水平发挥的两个方面的重要因素。因此,在平时的运动训练中,

---

① 孙晓辉.影响排球运动员比赛的心理因素及其对策[J].宏观经济管理,2017(01),146—147.

要不断强化运动员的心理训练,这样才能帮助运动员发挥出正常的水平,从而取得理想的比赛成绩。

第二节　排球运动员一般心理技能训练

一、排球运动员心理技能要素

排球比赛过程异常激烈,运动员必须要保持高度的注意力,对球速、力量、落点等做出准确的判断,这样才能根据比赛中的具体情况合理调整身体状态和心理水平。作为一名优秀的排球运动员必须要具备良好的专门化知觉、坚定的自信心、稳定的情绪和顽强的意志品质。

（一）专门化知觉

排球运动员必须要具备一定的专门化知觉,这是影响排球运动员发展的重要心理因素。时间和空间是排球运动的两个重要因素,对球的争夺贯彻比赛的始终,因此排球运动员一定要在平时的训练中培养和提高自己的专门化知觉。

1. 球感

良好的球感是所有球类运动员都必须具备的,排球运动员也是如此。在排球比赛中,双方对球的争夺贯彻比赛的整个过程,为提高击球技术动作的效果,运动员必须要拥有良好的球感,这样才能准确感知球的运行路线、力量、速度等,为接球、扣球、拦网等技术的发挥打下良好的基础。

2. 时空感

时间和空间是排球比赛的重要因素,对时空的争夺尤为重要。因此,掌握良好的时空感是至关重要的。运动员要想具备良好的时空感就必须要长期不间断地训练,时空感决定着运动员球感的精确度,决定着运动员对球的运行速度和落位的判断能力。

在排球比赛中,运动员判断能力的强弱在很大程度上依赖于时空感的强弱,运动员时空感好,则能准确判断球的运动轨迹,提前做好移动以更好地去接球和击球。

排球比赛网上的争夺异常激烈,受各种因素的影响,常会发生各种突发状况,面对这种情形运动员必须要具备快速敏捷的反应能力,准确把握同伴、对手、排球以及高度、速度和距离等要素,准确判断球的运动轨迹和力量大小,从而及时到位做出接球、传球、扣球或拦网动作。

（二）自信心

在一名运动员的心理品质中,自信心是非常重要的一部分。拥有自信心的运动员往往能充分发挥应有的实力和水平,有利于取得比赛的胜利。在比赛过程中,如果运动员能够保持良好的自信心态,就能以积极的心态去面对对手,充分发挥自身应有的实力和水平。而在自卑状态下,运动员就会畏首畏尾,难以发挥自己的真实水平。

因此,在平时的运动训练中,运动员应该不断地提高自我认识,发掘自身的潜力,与队友之间相互鼓励、相互提高,不断提升自己的自信心。

（三）情　绪

情感是指人对事物的态度和行为上的反应。在排球运动中,情绪的稳定性对于运动员而言非常重要,它是运动员重要的心理因素之一,对比赛水平的提高具有重要的影响。

排球比赛中,网上争夺异常激烈,运动员必须要全神贯注将注意力集中到球上。另外,排球比赛突发状况非常多,运动员能在其中体会到不同的情感体验,而运动员的情绪变化则会对比赛产生较为直接的影响。因此,作为一名合格的排球运动员必须要加强自己的情绪控制,合理控制好自己的情绪。

在排球比赛中,运动员加强情绪控制需要注意以下几点。

（1）在排球比赛开始前,一般情况下,运动员都或多或少有一定的紧张情绪,这时就需要及时合理地调整不良情绪,避免过于激动、淡漠或盲目自信,使自己沉着冷静下来,以尽早进入比赛状态。

（2）在比赛过程中,运动员要合理控制自己的情绪,既不能过度兴奋,又不能毫无紧张感。排球赛场上形势复杂多变,而运动员的情绪状态也可能表现为陶醉状态与狂热状态、悔恨状态与消极状态的交替。因此,运动员要时刻注意自身情绪状态的变化,使自己的情绪向着有利于比赛的方向发展。

（3）比赛之后,运动员还要对比赛进行分析和总结,对导致比赛成败的各项因素进行认真的讨论与分析,如此能有效提升运动员心理素质水平,有利于接下来的比赛。

（四）意志品质

排球比赛强度非常大，需要运动员具备良好的体能素质，同时还要拥有顽强的意志品质，否则就难以达到比赛的要求。在实际的排球比赛过程中，尤其是在比赛关键时刻，往往拥有良好意志品质的球队更容易获得比赛的胜利。

因此，作为一名排球运动员，必须要将意志品质的培养贯彻于整个训练过程中，充分利用一切可能的措施和手段培养和提高自己的意志品质，做到自我激励、自我完善和自我约束。

二、排球运动员一般心理训练的原则

在排球运动中，运动员心理能力的培养主要包括教练员、心理工作者以及运动员三个层面的工作，在培养与训练的过程中，一定要本着一定的原则进行，这样才能提高心理训练的科学性和有效性。

（一）全面性原则

全面性原则的含义与工作包括以下三个方面。

（1）排球运动员心理素质训练一定要与身体素质训练、技术训练、战术训练等方面结合起来进行，因为这几个方面并不是孤立的，而是密切联系在一起的，因此要将心理培养内容渗透在排球训练的各个层面，这样才能达到心理能力的培养的要求，实现心理训练的目标。

（2）心理能力培养内容涉及运动员各个方面的心理因素，在培养的过程中要结合运动员不同的个性心理特点进行专门化的训练。

（3）作为一名教练员，应当把一般心理能力培养与具体比赛时心理能力培养充分融合在一起，这样才能使运动员的心理素质得到有效提升。

（二）个别对待的原则

大量的运动实践充分表明，虽然目前心理能力培养与训练的方法、手段众多，但要想取得最理想的效果，还要结合运动员的具体情况而定，一定要因人而异，对运动员进行全方位分析，展开有针对性的培养与训练。

在排球心理训练过程中，贯彻个别对待原则要充分了解运动员心理能力培养的规律性，将一般方法与专项心理训练方法结合起来使用，采用的培养与训练方法要针对运动员特点因人而异，以激发运动员的潜力为基本要求，切实提高运动员的心理训练效果。

（三）自觉积极性原则

发展到现在，心理训练的手段与方法越来越多，不论教练员采取哪种心理训练手段，都不能脱离人的主观态度，在心理训练的过程中要激发运动员训练的积极性，促使其自觉主动地进行训练，要建立和形成积极训练的内部动力机制，如此才能提高排球运动员心理能力培养与训练的效果。

（四）循序渐进原则

针对排球运动员实施的心理能力培养的任务、手段、内容、要求应当逐步从简单过渡到难，保证实施过程顺利进行，这就是排球运动心理训练的循序渐进原则。每一名运动员都有自己的个性特点，其运动水平也存在着一定的差异，但是在进行心理素质培养与训练的过程中都要遵循循序渐进的原则，按部就班地进行训练。

（五）重复性原则

运动员的训练是一个长久的过程，不是一时一日而成的，因此整个训练过程中都是反复的训练，重复性原则要求排球运动员心理能力的培养应当反复实践、反复训练，在长期的多次训练中逐步发展。可以说，排球运动员良好心理品质的形成都是建立在长期的训练实践之上的，只有坚持长期反复不断地训练才能有效提升心理水平。

（六）持之以恒原则

运动员良好的心理素质不是一时一日而成的，需要长期的训练。运动员在参加长期的心理训练的过程中，需要持之以恒、始终如一地坚持进行训练。经过一段时间的反复训练才能收到一定的训练效果，因此在平时的心理训练中，教练员要指导运动员切忌急于求成，要将心理训练看作是一项长久的工作。

三、排球运动员一般心理训练的方法

（一）系统脱敏训练法

系统脱敏训练又称交互抑制法，是一种以渐进方式克服神经症焦虑的心理技能训练方法。排球运动员在利用系统脱敏训练法进行训练时，要注意以下几点要求。

（1）建立恐怖或焦虑等级（层次）——系统脱敏训练的依据和方向，要结合运动员的身心特点和运动水平而定。

（2）放松训练，练习者的全身肌肉能迅速进入松弛状态即可。每次30分钟，每天1～2次，共进行6～10次。

（3）在训练的过程中，运动员要彻底放松自己的身心，安然地参加训练。

（4）在训练的过程中，当运动员出现严重恐惧情绪时，应及时做出调整，采用放松训练的方式，使练习者可以继续忍耐直至完全适应当前的训练内容。

第五，运动员利用系统脱敏方法进行心理训练，一般情况下，每次练习30分钟，每周1～2次。

（二）模拟训练法

模拟训练是针对比赛中可能出现的情况进行模拟实战的反复练习的过程，通过模拟真实场景的训练，能将运动员充分融入到接近真实比赛环境中去，让运动员体会到真实比赛情节，有利于激发运动员参与比赛的积极性，保证运动员真实运动水平的发挥。

在排球运动中，当运动员利用模拟训练法进行训练时，这种训练方法能使运动员在头脑中建立起正确的动力定型结构，从而使运动员在接近真实的比赛环境中保持心理平衡，对运动员良好心理品质的塑造具有非常大的帮助。

在具体的模拟训练过程中，可以根据对手的特点和风格等设置具体的比赛情境；也可进行不同起点的比赛，设置运动员在落后条件下进行比赛的情境，锻炼其在落后条件下的对抗能力，培养运动员顽强的意志品质。

在排球运动具体的模拟训练过程中，模拟训练的模拟对象、模拟内容、训练目的可参考表6-1所示。

表6-1　模拟训练分析

模拟对象	模拟内容	训练目的
对手	模拟对手的比赛风格和技战术特点	适应对手的技战术打法，有针对性地训练
比赛关键情境	模拟固定比赛情境和动态比赛情境	帮助运动员提高关键时刻心理状态的稳定性
裁判	裁判的错判、误判和漏判	培养运动员控制注意力的能力

续表

模拟对象	模拟内容	训练目的
观众	观众的鲜明态度和立场	培养运动员在不同观众氛围中参与比赛的能力
地理环境	气温、湿度、气压、风力风向等	提高运动员适应不同地理环境的能力
时差	倒时差	提高运动员时差的适应

（三）表象训练法

表象训练是指运动员有意识地在头脑中再现或完善动作或运动情境，从而建立和巩固正确动作的动力定型，提高自身心理技能的过程。目前，表象训练法在排球运动心理训练中得到了广泛的应用。表象训练的程序如下。

第一步，帮助运动员深刻了解运动表象的特点及作用。

第二步，确定运动员表象训练的目标与任务，评定运动员的表象控制能力。

第三步，提高运动员的感觉觉察能力和表象控制能力。

第四步，结合排球运动专项，根据运动员的实际制订训练方案并进行训练。

（四）暗示训练法

暗示训练，是指利用语言等刺激物对人的心理施加影响，并进而控制行为的过程。在排球运动中，通过这种心理训练方法的应用，可以有效调节运动员的认知、情感和意志。

在排球运动中，利用暗示训练法进行训练时，首先运动员要深刻理解这一训练方法的内涵，找出运动员在平时训练和比赛中常出现的一些消极想法和话语，然后帮助其用一些积极的词语和想法取而代之。这样能有效稳定运动员不安的心理状态，提高其心理素质。

（五）合理情绪训练法

合理情绪训练也是排球运动员常用的心理训练方法。通过这一训练方法的运用能帮助运动员减少不良情绪的困扰，学会正确面对和处理困难，从而提升自己的心理品质。

1. 合理情绪训练的程序

(1)找出使运动员产生异常情绪的诱发事件。

(2)分析运动员在诱发事件发生时的心理状态,帮助运动员充分认识异常情绪产生的原因。

(3)帮助运动员摒弃不合理的信念。

(4)改善运动员的心理思维,以及改善情绪和行为反应。

2. 合理情绪训练的实施

(1)与不合理信念辩论。在合理情绪训练中,可以通过质疑式和夸张式两种提问方法进行,使运动员主动发现问题,并采取必要的措施和手段改变自己的不良行为。

(2)合理情绪想象。运动员应认真分析自己在想象过程中的成功与失败,这能帮助其在运动训练中纠正不合理的信念,改善不良情绪,强化坚定的比赛信念以及夺取比赛胜利的信心。

(3)角色扮演。角色扮演是指通过换位思考使运动员意识到自己的不合理思维和信念,然后通过一定的心理训练方法改变自己的错误思维方式和信念,最终建立起正确的信念。

(六)目标设置法

一个有效的目标能给人以刺激,促使人的行为和活动向着正确的目标前进。在运动心理训练中,设置合理的目标进行训练是非常重要的,它能有效提高运动员的心理素质水平。这就是目标设置法在运动员心理训练中的应用。

一般来说,目标可分为长远目标和短期目标两种,在具体的排球运动训练中,运动员应结合自身的具体实际设置合理的心理训练目标(图 6-1)。

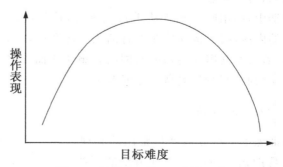

图 6-1　设置合理的心理训练目标

第三节　排球运动员专项心理技能训练

排球运动有区别于其他运动项目的特点,对运动员有着特殊的要求,表现在心理技能训练方面也是如此。因此,运动员应结合排球运动专项特点进行心理技能训练,这样才能有效提高心理素质水平。

一、赛前心理调节

(一)自我认知训练

自我认知训练是运动员在赛前运用类似于表象想象的方式暗示自己,提高自身比赛自信心的一种心理训练方法。这一训练方法在排球运动训练中得到了广泛的应用,在具体的操作过程中,运动员暗示自己有足够的实力参赛,能取得良好的比赛成绩;结合对手的技战术特点采取何种手段战胜对手等。

(二)心理适应训练

心理适应训练是一种促进参赛主体与竞赛环境之间保持心理协调的心理训练方法,一般情况下,主要有适应场地训练、适应生活训练、适应观众训练和适应比赛气氛的训练等内容。这一训练方法能帮助排球运动员尽快进入比赛状态,从而有利于掌控整个比赛过程,获得比赛的胜利。

(三)心理准备训练

心理准备训练是一种帮助运动员做好参赛心理准备,建立比赛自信心的训练方法。

(1)一般准备。一般准备的内容主要包括:事先了解对手的基本情况;了解本方的心理情况;根据比赛规程合理调整心理状态。

(2)模拟训练。根据对手特点设置与真实比赛相似的外界环境进行训练。

(四)心理调节训练

(1)赛前谈话。这一方法能有效激发运动员的参赛动机,帮助运动员建立比赛的自信心。

（2）复述整个比赛程序。这一方法能有效帮助运动员在头脑中形成正确的动作表象，领悟教练员指定的技战术打法等。

（3）闭目静坐。这一方法主要是帮助运动员回忆过往比赛，体验胜利的喜悦，从而建立参与比赛的自信心。

（4）信息回避。这一方法的利用主要是运动员与外界事物隔绝，不受外部因素的影响，从而帮助运动员平静地参加训练，获得预期的训练效果。

（5）心理自我调节。运动员参加比赛前，以口头默念或头脑回忆的方式重温训练或过往比赛中自己的最佳表现，体验成功的喜悦，获得自信心。

（6）催眠放松训练。将运动员引导至催眠状态，帮助运动员缓解心理不安状况。

（7）主动疗法训练。基本步骤为：第一，主动放松参与运动的肌群；第二，利用自我暗示法激活积极的心理状态；第三，激发运动员积极的竞赛情绪状态。

二、赛中心理控制

排球运动员学会在赛中控制自己的心理状态，对处理比赛中的各种问题，使比赛向着有利于己方发展都有着极为重要的作用。运动员赛中心理控制的方法主要有以下几种。

（一）呼吸调整

排球比赛中，运动员对球的争夺异常激烈，在这样的环境下，运动员常常会出现一定的心理紧张情绪，在这样的状态下参加比赛是难以获得比赛胜利的。此时，可采用吸气时肌肉紧张和呼气时肌肉放松相结合的呼吸调整的方法，缓解紧张的心理情绪，调整运动员的不良心理状态，从而帮助运动员以积极的心理状态参与到比赛中去。

（二）自我暗示

当运动员出现不良情绪时，可采用自我暗示的方法来暗示自己，使自己尽早进入比赛状态，稳定情绪，消除周围环境的不良刺激，从而以更加积极的心态参与比赛。

（三）注意力集中

当排球运动员在比赛中受到不良刺激时，运动员应立即找出可以集中注意力的对象，排除外界不良刺激，使自己的注意力完全集中于比赛上来。

（四）思维阻断

排球比赛变化莫测，在比赛中常会发生一些意外情况，如现场观众不良言语的干扰，大比分落后导致运动员出现情绪低落的状况，这时运动员就可以采取积极思维的方式来阻断消极意识，用积极思维来替代消极思维活动，将自己及时引入正常比赛轨道中。

（五）转移注意

在比赛过程中，当观众、对手和裁判的劣性刺激引发自己产生焦虑的不良心理状态时，应立即使自己的意识脱离这些劣性刺激物，把注意力主动转移到自己新一轮的攻防技术动作上去。这样才能不受外界的干扰，全身心投入到当前比赛中，才能获得比赛的胜利。

（六）自我宣泄

在排球比赛过程中，当出现落后或被动局面时，运动员可通过擦汗、握拳、呐喊等动作进行自我宣泄，将不良情绪宣泄出来，这有利于心理的稳定，调整好心理状态以继续参加比赛。

（七）教练员的榜样

教练员在排球运动队中扮演着至关重要的角色，教练员技战术的安排、临场战术的调整等都有可能决定着比赛的胜负。作为一名合格的教练员，应为运动员树立良好的榜样，在比赛中做到临危不乱，遇险不惊，真正成为运动员的"主心骨"。因此，在平时教练员要注意自己的一言一行，以身作则，不断提高自身的综合素质，以为运动员树立良好的榜样。

（八）临场语言指导

在排球比赛中，教练员可以利用比赛暂停、换人的时间根据运动员的临场状态运用语言指导的方式激发运动员良好的比赛状态，使运动员以更加积极的心态参与比赛。

三、赛后心理恢复

比赛过后，运动员身体和心理都受到了较大的负荷，需要进行一些心理调整。为了促进机体与心理的尽快恢复，要尽可能地采取积极主动的恢复方式。通常来说，可以采用以下方法促进运动员的赛后心理恢复。

（一）通过认知调整比赛所带来的消极心理反应

排球比赛竞争非常激烈,运动员的身心始终处于一个高度紧张状态之中,赛前、赛中或赛后,一些运动员都有可能出现一定的心理异常,出现心理异常的原因主要在于面对着强大的心理压力,因此作为教练员一定要教会运动员学会认知,正确看待比赛的胜负,以防止不良心理带来的消极影响。在日常排球运动训练中,运动员要采取必要的手段和措施提高自我认识,正确地看待比赛的胜负,无论在何种比赛条件下都要保持良好的心态。

（二）运用语言暗示及时清除赛后疲劳

竞争贯穿排球比赛的整个过程,运动员在网上的争夺越来越激烈,因此其所受到的心理压力也越来越大,在这样的形势下,运动员就会出现各种心理疲劳现象。当运动员出现心理疲劳现象时,就会出现不良情绪,训练和比赛的兴趣减退,因此就需要调整自己的心理,促使心理疲劳得到尽快恢复,否则就会对运动员产生一定的负面影响。大量的实践表明,通过语言暗示法的运用能有效消除运动员赛后的心理疲劳,一般来说,运动员可采用自我暗示诱导放松、他人暗示诱导放松的方法,来放松自己的身心,使自己的心理恢复至正常水平。

（三）运用生物反馈训练法进行心理康复训练

生物反馈训练法是利用电子仪器把运动员内脏活动的信息显示出来,使自己了解行动的效果。大量的实践表明,这种训练方法对消除运动员的过度紧张情绪具有明显的作用。通过电子仪器显示的各种信号,运动员能充分了解自己在紧张或不良情绪下的生理反应,从而采取一定的措施消除心理紧张和不良情绪带来的影响。目前,运动心理学界主要运用遥测、皮肤电阻变化等信息进行反馈。需要注意的是,这种方法所得出的结果并不是绝对有效的,需要结合其他训练方式进行,以取得更为理想的训练效果。

（四）利用催眠术进行心理康复训练

催眠术也是一种有效促进运动员心理疲劳恢复的重要方法,通过这一方法的利用,运动员在进行心理活动时能产生一种介于觉醒和睡眠之间的特殊心理状态,运动员在整个过程中对施术者都"言听计从",并且不受外界的干扰,在这样的环境下,运动员能放松自己的神经,消除心理疲劳。

（五）通过想象放松训练，解除心理疲劳

想象放松法也是一种较为常用的心理训练方法，对消除运动员的心理疲劳具有显著的作用。想象放松是指运动员想象自己处在某种使他们感到放松的环境之中。运动员处于一个安静的状态下，闭上眼睛，将注意力集中于某一件事情上，如此来缓解心理压力，消除心理疲劳。

第七章 排球比赛致胜之智能因素及科学训练

随着排球竞赛活动的逐步深入,越来越多的人认识到排球运动员智能因素在比赛中发挥着至关重要的作用。为了提高排球运动员在排球比赛中致胜的可能性,本章对智能基础知识和排球运动员智能训练相关理论进行详细阐析,力求提高排球运动员的技术水平和认知能力,为排球运动员竞技实力的增强提供理论指导。

第一节 智能及智能训练概述

一、智能概述

智能属于源于心理学范畴的词汇。心理学界认为,感知能力、观察能力、记忆能力、抽象思维能力、创造能力是组成智能的五个部分,其中最后两个组成部分分别是智能的核心性内容以及集中性反映。相关学者对智能的认识如下。

王玉清和刘桂霞对智能的认识是:其一方面是智力与能力相互结合后的产物,其另一方面则是保障人们精准而快速地认知客观事物和顺利参与实际活动的平稳心理特征的结合物。对智能的概念进行深层次剖析会发现,尽管智能是一个独立的概念,但其是由智力和能力两个概念组成的,同时这两个概念之间关系密切。详细地说,智力是个体参与认识活动时具备平稳心理特征的综合保障条件;能力则是个体高效率完成各类实践活动时具备平稳心理特征的综合保障条件。

刘彭指出,智力和能力有机结合后形成了智能,其中智力是个体以高效率参与各类活动的稳定心理特征的综合,从本质上说属于认识活动的范畴,而能力则是个体顺利完成各类实践活动的稳定心理特征的结合。

二、智能训练概述

（一）智能与训练的关系

1. 智能应该成为运动训练的一个独立结构

运动训练涉及多样化内容，要想提高教练员和运动员掌握运动训练要素和规律的实际效率，促使他们在训练实践中学以致用，就需要根据相关要素的相同性质和功能将运动训练主体内容分成相应的结构。结构是运动规律与训练规律一致性总结后的产物，是人们产生共识后加以仿效的运动训练模式之一，构建该模式不单单需要挖掘和发挥正确理论的支撑作用，对于实践效果完成验证同样是必不可少的。

运动训练主体内容的结构体系应是运动员竞技能力的客观体现，总结运动员竞技能力务必和运动员具体状况相符。2000 年 8 月出版的《运动训练学》教材中说，"运动员的竞技能力，由具有不同表现形式和不同作用的体能、技能、战术能力、运动智能以及心理能力所构成"。该描述首次打破将我国运动训练主体内容分成技术、战术、身体、心理训练的传统结构，并且在"从实战出发"的方向有了巨大进展。

尽管这种表述增进了运动训练理论知识和实践内容的吻合程度，各项内容和方法把增强运动员竞技能力设定为核心大大提高了运动训练的进步速度。但这种表述和运动训练的传统结构体系经过对照后依旧有很多问题尚未解决：第一，体能、技能、战术能力、运动智能以及心理能力均和运动员心理活动存在着紧密联系，以运动规律与训练规律为理论基础，和这方面内容存在关联的内容应当怎样需要深入研究；第二，内容充当着结构的基石，结构是归纳内容形成的产物，结构发生变化后必然离不开相关内容发挥支撑作用；第三，各个结构中的内容存在着紧密联系，科学分布于各个结构中，应保证理论和实践达到协调性要求和统一性要求。

因为组成运动训练的具体结构之间同时存在不同之处和多项关联，而智能与运动心理也有多重关联，所以人们混淆智力技能与运动技能的情况时有发生，而战术正好是体现个体智能的一个重要方面，智能和体系也存在着千丝万缕的联系，如果排球运动员智能训练的研究和运动训练划分的结构体系处于彼此脱离的状态且进行着互不联系的归纳和整合，则一定会让相关内容超出运动训练结构体系的实际范围。由此可见，开展排球运动员智能训练工作前必须达到的要求是对智能训练在运动训练结构体系中的归属有正确而清晰的认识。

对于所有体育运动项目来说,运动员竞技能力是其通过人体各类活动方式完成后长期积累的产物,这里所说的人体活动的组成部分分别是生理活动和心理活动。根据运动项目的运动规律和训练规律,能把生理活动分成"技能"和"体能",能把心理活动分成"智能"和"心能"。虽然在运动项目与运动方式存在差异性的情况下,对运动员智能水平、技能水平、体能水平、心理素质水平的依赖程度存在差异性,但运动员最终获得的成绩一定是其各项水平相互影响、"互为补偿"、全方位较量的结果。

由此不难得出,教练员应当把智能训练理解并设定成运动训练主体内容结构体系的独立部分之一,原因在于运动员技能本质上是"操作性"技能,参赛运动员必须依靠自己操作自身行为,运动员智能充当着操作技能的指挥系统,具体来说就是作为"司令部"对战斗过程加以指挥。通过整合和归纳不难得出,运动员的智能、体能、心能分别充当着技能的指挥系统、物资系统以及调节系统,而技能又充当着运动的显现系统,智能、体能、心能作为隐性系统能对技能这个显性系统的产生和发展起到不可替代的支撑性作用。

对于运动实践活动而言,运动员智能客观存在且发挥着至关重要的作用,从某种程度上决定着参赛运动员所做的各项行为,所以说把强化运动员"司令部"指挥能力的"智能训练"放在运动训练主体内容结构体系中至关重要的位置上很有必要,同时教练员要多次强调把"智能训练"和其他训练结合起来的目的和必要性,详细地说就是把运动员参与的"脑"的训练和"体"的训练联系起来,这对运动员训练水平的提升至关重要。

2. 智能通过训练可以得到改善和提高

对于排球运动员而言,智能就是运动员参训过程中和参赛过程中体现出的智商能力。详细来说,排球运动员智能就是其在合理运用个体内部语言后,在脑海中建立并产生的理解排球运动本质规律的活动方式,与此同时,科学运用排球运动专项知识解决各类问题。排球运动员智能水平详细体现为参赛过程中运用技战术的精准程度和巧妙程度;运动员在人体对抗持续变化的一刹那,根据"相生相克"原理做出有实际效果的进攻动作或者反击动作。

从本质上来说,运动员专项智能就是个体的先天素质,同时是历史文化遗产的作用、参与训练和比赛教育活动的作用、运动员自身努力程度三项因素共同作用的结果。相关研究证实,个体智商的高低和遗传因素存在很大关联,个体智商自出生时就有个体差异,这种个体差异在排球运动员身上有显著表现。

因为排球运动对运动员智能提出了很高的要求,所以运动员智能的先天素质应当作为运动员选材的首要条件。原因在于运动员感知能力和接受能力会伴随着其智能先天素质的提高而增强,此外有助于运动员运动训练水平的提升,而智能先天素质不理想的运动员,其运动水平必然也无法达到较高层次。

除此之外,运动员进入专项学习后,其智能水平会在专项学习与训练的教育过程中出现大幅度提升,具体的提升幅度和专项教育的内容和方法以及运动员努力程度存在着紧密联系。智能训练切实高效的教育方法是基于理性认识排球运动规律的,对运动规律理性认识越深,则把握的准确度就越高,所用训练方法针对性越强,则智能提升速度就越快。当多名排球运动员采用的训练方法相同时,运动员对专项训练的专注程度越高、思考问题的主观能动性越高、对专项本质规律的理解越深刻、参与排球运动训练时越用功,则运动员专项智能水平提升速度就越快。

通过分析排球运动员智能形成与影响因素会发现,运动员智能是基于个体先天素质的,在专门学习和训练的教育过程以及自身刻苦钻研的过程中,逐步实现改善与提升的目标。

(二)智能训练的基本内涵

关于智能训练的基本内涵。李俭和张晓波将其界定为教练员尽最大努力凭借激活智力的手段提高运动员竞赛能力的训练。在训练过程中,智能包括一般智能和专项智能两种类型,前者需要运动员通过拓展知识面、学习科学文化以及发展逻辑思维等手段来提高,后者需要在结合专项特征和规律的训练中获得。智能训练属于一项系统工程,务必从娃娃抓起且贯穿于每个年龄段。在训练过程中,不只是要高度重视,也要加大研究力度和系统开发深度。

从整体来说,智能训练是旨在充分适应现代运动训练的需要,有针对性地训练和培养运动员智能构成因素,同时使其有机结合在一起,有效提升运动员智能水平的过程。

(三)当前智能训练的研究现状

截至当前,我国关于运动智能训练的研究成果不多,整体上处在初步性的探索阶段,绝大多数研究属于调查研究,只止步于表面性的广泛研究,并非是有深度的系统研究。

1. 智能训练的必要性和迫切性

李英男指出,科学有效的智能训练活动能使运动训练科学性特点更加显著,也能培养和增强运动员分析问题的能力和解决问题的能力,增加理想训练效果变成事实的可能性。

李春光、谢新涛、弈翠霞指出,开展智能训练是运动训练学理论知识实现可持续发展的需求,也是早期专门化训练训练与高难度动作智能要求的需要,更是推动运动员全方位发展和顺利适应社会的需要。

付宏指出,发展成高水平运动员和取得理想的运动成绩都离不开很高的智能水平,此外任何运动项目朝着更好方向发展也要求运动员具备很高的智能水平。

2. 智能训练的主要内容

在运动训练和智能发展的研究过程中,李英男把智能训练划分成思维与观察力、思维与想象力、技战术与思维能力、思维与预测。

3. 智能训练的方法

开展智能训练活动的方式方法有很多,展开文化学习活动和观看比赛录像等方式均可选择。运动训练中被广泛应用的方法是:一种方法是把运动员当成被动接受教练员支配的对象,具体要求是运动员应在接受教练员指导的前提下认可和肯定教练员的观点,这就是所谓的被动训练;另一种方法是保证教练员主导性作用被充分发挥的情况下,定期参与各式各样的训练活动,这就是所谓的主动训练。主动训练和被动训练的最终结果有很大不同,主动训练能使训练成效和运动员智能水平得到大幅度提升。被大范围应用的智能训练方法是:传授概念、知识、原理的过程中提高运动员智能水平,传授专项理论的过程中提高运动员智能水平,此外提高运动员智能水平的训练贯穿在各个训练阶段。

李险峰和高荣贵认为,智能训练的方法要从以下几方面进行。

(1)指导运动员学习有关体育教学和运动训练的基本原理知识,不断熟悉运动的相关理论,充分掌握体育运动的基础理论知识。促使运动员理解开展大运动量训练的意义以及训练的可行性方法,如此能有效发展运动员大脑记忆功能和思维、判断的功能,从根本上提高运动员掌握和运用技术动作、战术意义的实际效率。

(2)组织和指导运动员观察较高水平的训练和比赛,促使运动员在观察的过程中充分调动思维,设法使运动员的分析能力和智力水平得到大幅度提升,使运动员意识到自身的缺点,逐步达到取长补短的目的,提高掌握动作技能的效率。

(3)在运动训练过程中指导运动员深入探讨技术动作和战术配合,将运动员的灵感和智能充分激发出来,高效解决训练过程中的技战术问题。

(4)当参与训练的运动员出现技术错误和战术错误时,教练员务必要及时指出,有效避免错误再次发生,运动员大脑在这个阶段的接受性往往很强,要指导运动员分析产生错误的原因以及正确方法,为使运动员强化正确的技术动作和战术方法提供保障。

(5)组织和安排参与训练和比赛的运动员充当裁判和教练员的角色,同时要求运动员认真完成训练日记、比赛分析报告、赛后小结等,在最佳时间段考核运动员对篮球理论知识的掌握情况。这些均能对培养和增强运动员智能产生积极作用。

刘丽朋和刘亚玉在对青少年冰球运动员的智能训练研究中提出以下几种训练的方法。

(1)加强青少年冰球运动员学习文化知识的力度,是改善智能训练效果的先决条件。

(2)对于开展训练课的教师来说,应当开展有针对性的启发智力诱导训练的活动,由此使运动员智能得到有效发展。

(3)科学运用课余时间,促使冰球运动智能水平得以提升。

综上所述,和智能训练存在关联的文献数量偏少,相关研究依旧还不够成熟,研究者往往会从智能训练的必要性和具体任务等方面展开描述,研究频率较高的运动项目分别是足球运动和篮球运动等。因为现阶段的研究成果涉及的运动项目偏少,所以不可避免地造成很多运动项目的研究结果重复,此外关于排球运动智能训练的研究成果往往停留于表面。由此可见,未来的研究中要有目的、有意识地加大智能训练研究深度和研究广度,通过多元化途径探究出切实可行的智能量化工具,促使训练方法的相关内容、手段以及策略更加细化。

三、排球运动员参与智能训练的必要性

(一)排球运动员基础训练的需要

运动员的技能、战术、体能、心理、智能是决定其竞技水平的重要因素,要想提高参与排球训练和竞赛的运动员的竞技能力和战术应用能力,教练员应当严格按照这些决定性因素来开展专门性训练。在排球运动的实践

活动中,教练员往往会把多数时间用于技能训练、战术训练以及体能训练中,而心理训练和智能训练往往不会被单独训练。竞技能力组成的"木桶理论"指出,竞赛者综合能力表现往往由单个竞技技术组成,单个技术犹如组成木桶的各条木板,单个技术不足的结果就是木桶容量大幅度减少。取长补短与相互配合是团队在赛场上获得预期成绩的基础性条件。在整个过程中,运动员的技能、战术、体能、心理和智能都不可替代,教练员要有效规范排球运动员的各项动作,促使排球运动员形成良好训练习惯,不断强化排球运动员的运动意识,最终顺利达到提高排球运动员竞技水平的目标。

(二)排球运动竞技水平提升的需要

排球运动员竞技能力发展至分化阶段后往往会产生运动技能瓶颈期。要想使排球运动员的运动技能能力有所增强,一方面要在智能训练过程中巩固运动员已经具备的竞技能力,智能训练内容应当有技能创新、崭新训练计划以及战术配合,从而增加得分机会;另一方面,具体反映为完成技术的稳定性与各项能力充分联系起来。在智能训练过程中,要牢记把技能、战术、体能、心理、智能充分联系起来,从而为运动员技术动作稳定性得以增强、心理素质与身体机能得以提高创造条件。但现实情况是关于体能、技术、战术的功能性训练在排球运动训练中占据很大比重,对运动员智能训练水平的有效提升产生了负面影响。由此可见,深入而系统地认识和了解排球运动本身及其技能结构特点,才能够制订出高效可行的训练内容、训练方法以及训练计划,提高排球运动员竞技水平的迫切任务是组织和指导排球运动员参与智能训练。

(三)排球运动员全面发展的需要

受体制因素的影响,我国排球运动员往往自小时候就开始接受严格的封闭式训练,排球运动员普遍存在的特点是身体处在生长发育阶段、思维相对活跃、生理变化和心理变化大。与此同时,他们的人生观和世界观正处在形成阶段,呈现出的显著特征是求知欲强且敢于实践,而这正是他们形成排球运动知识体系和学习相关文化知识的最佳阶段。倘若排球运动训练以及身心引导的效果不尽人意,一方面不利于排球运动员运动成绩的提高,另一方面不利于运动员正确世界观和人生观的形成。排球运动员不只是要具备较高的运动素质,语言、逻辑、思维等素质同样会对排球运动员全方位发展产生重要影响。由此可见,提高智能水平是运动员各项潜能得以充分发挥的现实需要,智能训练发挥着不容忽视的作用。

四、排球运动员智能训练的内容解析

综合剖析和归纳排球运动员各方面状况发现，注意力、观察力、思维力、记忆力、想象力是运动员智能结构的五项要素。具体来说，注意力和观察力这两项要素是发出动作的先导，思维力作为一项要素能对行为的决策机构产生决定性作用，记忆力是完成动作所需的操作过程，想象力是动作实效性与技术创新效果得以强化的有效手段，这五项要素有着相互联系、相互影响、相辅相成的关系。

（一）注意力

注意力是指排球运动员心理活动对对方动作姿势状态的指向和集中的程度，并对具体程度所形成的活动规律加以科学应用的能力。注意力不但是人体运动先行的一种活动方式，也是人体进入比赛状态的首个运动环节，排球运动员运用各项技战术的实际效果与其注意力存在很大联系。

立足于人体注意力的生理特征的视角来分析，注意力分散会减弱动作反应时，注意力集中到特定部位则极易忽视其他部位，注意力发生转移则会使动作反应时延缓。要想使排球运动员智能水平得到大幅度提升，就必须全方位掌握人体注意力的生理特征以及形成动作的行为特征，从而增加排球运动员进攻或反击的战机。

1. 发现对方的注意力

注意力是打开人类心灵的一扇窗，各类知识和信息进入人类心灵的途径就是注意力。与此同理，排球运动员发出动作前的内心活动和各方面信息能够通过对方注意力的表现体现出来。双方运动员寻找机会时，多数情况下会观察对方注意力集中在哪些地方，同时会把对方的眼睛和相关姿势作为判断依据。通常情况下，对方眼睛锁定的地方就是对方想要进攻的部位，同时对方的身体姿势状态会随之调整，目的是为将要发出的动作创造条件。对方注意力进行调整或放松时往往不会发出动作，即将发出动作的表现是对方注意力处于集中状态。发现对方注意力旨在准确掌握对方内心活动以及行动目的，在此基础上采取有效措施来占据进攻的主动权。

对于参与排球比赛的运动员来说，运动员是无法一直保持最佳注意力的，外界客观情况的干扰难免会使运动员主观思想出现分心、运用动作时不果断等，所有排球运动员都不可避免地会产生注意力分散的问题。运动员注意力分散的一霎那是无法发出相应动作的，这种情况下就需要本方运动员牢牢抓住对方注意力分散的机会,毫不犹豫地进攻会大大提高成功的概率。

2. 分散对方的注意力

排球运动员注意力的表现有以下两方面的显著特征。

一方面是排球运动员的动作比较单一,运动员完成动作的过程中集中的注意力越多,对反击动作的掌握程度越高,进攻技术和反击技术达到同步发展要求的速度越快,则单一动作的进攻难度就越大。为此,排球运动员应当全方位掌握各项动作,尽最大努力使其运用各项动作的频率均衡,此外使动作变化达到多样化要求。这样能有效防止运动员将注意力集中到某个动作上,顺利实现分散对方注意力的目的,为高质量运用相关的特长技术创造条件。

另一方面是排球运动员使用动作的注意力极易受对方动作的诱导,进而使双方动作思路受到限制,由此产生的结果必然是以"力"斗"力",不仅无法获得预期的得分效果,也无法彰显出排球运动员灵活多变的运动特征。这些均可借助灵活运用动作的方式方法来达到分散对方注意力的目的,也能达到便于击中对方多得分的目的。

3. 转移对方的注意力

作为一名排球运动员,每时每刻都应当处在警惕状态。受个体本身条件反射生理现象的影响,当甲方做出相应动作后,乙方必然会结合甲方动作做出相应动作,甲方动作能对乙方产生或多或少的诱导作用,乙方所做动作则是甲方完成动作的"反应结果"。转移对方注意力是指运用个体动作条件反射的生理现象,通过切实有效的方式方法实现误导对方和掩护自身进攻动作的目的。

通常情况下,运动员被诱导信号欺骗后会形成错觉,注意力转移和形成相应动作往往会在同一时间发生,但一旦发觉自己上当再重新调整动作往往需要一段时间,多数情况下会造成补救时间不足,这会为利用人体注意力转移的时间空挡产生错误动作提供条件,同时能提高打击对方的成功率。虚晃动作、假动作、步法的移动都能够达到使对方注意力发生转移的目的,排球运动员应运用这三类欺骗的方法进行"示形""造势",从而达到伪装自身和欺骗对方球员的双重目的。

要确保各项"骗法"产生转移对方注意力的效果,排球运动员就必须有效掌握三个要素:第一项要素是合理掌握双方距离,双方运动员处在进攻距离外完成虚晃动作、假动作、步法的移动无法达到使对方注意力发生转移的目的,使对方产生反应的基础条件是双方运动员处在进攻的有效距离;第二项要素是"骗法"要达到真实性要求,保证对方信以为真是调动对方的重要条件;第三项要素是真假有机结合,结合实际情况选择不采用"骗法"直接进攻或者采用"骗法"后进攻,如此才能使效果达到最大化。

运用"骗法"转移对方注意力是排球运动员进行主动进攻必须掌握的一个技术环节,因为如此能确保转移对方注意力的过程达到能动性要求。具体来说,能动性要求是指当运动员运用具体"骗法"示形、造势时,对方球员转移注意力就会产生相应反应,从本质上来说对方反应是运动员积极调动产生的结果,可以为有针对性地进攻或者反击做好各个方面的准备,为运动员发出动作成功提供保障。

(二)观察力

对于排球运动员而言,观察力是指通过视觉收集并获取对方比赛过程中的各方面信息,由此为自身实施可行性行动提供依据的能力。对于参与排球比赛的运动员来说,其实施的各项行动均是在全面观察对方状况后做出的。由此可见,观察不单单是运动员完成既定动作前需要完成的活动过程,也是使自身动作不盲目、有针对性的条件。

虽然良好视觉是每个排球运动员都能达到的要求,但视觉好坏和运动员观察能力不是等同关系。原因在于看是人体视觉的突出功能,运动员能否看清楚物体仅能反映其视力的好坏,视力好仅仅是能对其观察产生积极作用,但从本质上来说观察力着重指运动员认识专项运动本质规律的具体程度,具体反映为参赛运动员能以最快速度察觉并推断出对方内心活动、动作姿势状态有待强化环节、有助于自身进攻或者反击的客观条件等,运动员准确而深刻地观察和认识这些情况,都对其观察力的增强有积极影响。观察旨在提高运动员收集对方运动员各项信息的准确程度,为运动员进攻动作或者反击动作的准确性和实效性提供保障。

1. 观察内心活动

无论排球比赛的现实状态如何,参赛运动员都是在内心活动的支配下完成各项运动的,所以说精准判定对方运动员的具体意图,是排球运动员强化行动和动作的针对性与实效性的重要手段。当裁判员发出"开始"口令后,双方运动员会展开对峙,双方运动员在对峙期间都会注视对方,同时运动员会在观察的同时进行深入而全面的思考,运动员要想主动进攻应当先靠近对方并认真观察对方薄弱环节,且充分利用便于自身进攻的机会。防守反击是指观察对方有较大可能会实施的方法且为自身选择反击动作做好充足准备。

排球运动员要想更加准确而便捷地观察对方运动员内心活动,就一定要注视对方眼睛,通过自身的视觉器官来揣摩和推断对方注意、观察以及思考的内容,牢牢抓住利用注意力和思维转移时的时间空档获得进攻主动权。

2. 观察薄弱环节

排球运动中的各类动作都是由排球运动员身体各部位的不同姿势状态组成的,倘若将人体划分成头部、躯干、下肢等若干个局部,则所有动作的姿势状态对进攻或反击都是利弊并存的,即"利和弊"同时存在于同一个动作姿势状态中。但需要说明的是,针对不同动作姿势状态的进攻或反击在难度上有所不同,有的动作姿势状态进攻或反击容易,有的动作姿势状态进攻或反击难度大,需要运动员具备很好的反应速度、动作速度和条件反射能力。

排球运动员是否能敏锐地观察到对方运动员动作的薄弱环节,是排球运动员观察力的具体反映,也是运动员能否理性认识动作本质规律和是否"入道"的重要象征。排球运动员要想获得预期的运动成绩,除了自身要具备动作合理性和动作的速度、力量因素以外,至关重要的是针对对方不同动作姿势状态的薄弱环节,避开便于对方进攻的部位,高质量进攻对方防守难度大或者反击难度大的部位。只有排球运动员达到这些要求,才能在自己理性的控制下有效提高进攻动作的针对性与有效性。

3. 观察动态规律

动态是指运动员参与运动过程中身体动作姿势的状态。排球运动员在参与比赛的过程中会持续运动,尽管运动过程中的姿势状态持续变化着,但总是按照特定动态规律运动着。发现和认识规律的目的就是更好地利用规律,从而达到有效进攻或反击对方的目的。

(三)思维力

思维是指大脑对客观事物形成的认知,同时是由间接过渡到概括、由感性过渡到理性的反应过程。就排球运动员来说,思维力则是指运动员认识排球专项运动本质规律的准确程度、敏锐程度以及具体深度,此外还指运动员就排球训练和比赛过程中各项问题的发现能力、分析能力以及解决能力。从整体来说,思维是体现运动员智能的核心性要素,也是智能训练中的核心性内容。

从某种程度来说,包括排球运动在内的竞技体育是一个独特的事物。具体来说,独特性的体现之一为竞技体育是人体运动的竞争,人体运动与物体运动最大的不同反映在复杂性上,可以有效支撑运动员竞技体育水平的元素是社会科学和自然科学等多个学科领域的知识;独特性另一方面的体现则是每项行为都离不开大脑支配和操作自身身体,运动员思维形式会对技术动作完成质量产生直接性影响。

因此,竞技体育运动涉及的因素越复杂,对运动员思维能力的要求就越高,这是因为思维对竞技体育运动的所有环境都会产生影响,各个环节的思维任务主要包括指挥运动员完成动作、持续学习和归纳专项运动的本质规律并应用于运动训练过程中和参赛过程中。具体到排球运动中,排球运动员思维能力明显体现在以下几方面。

1. 技术思维

技术思维是指排球运动员全方位掌握各项动作后,对排球运动技术体系形成的合理性和有效性的认识。基本动作是运动员比赛时使用的工具,参与排球比赛的运动员水平越高,则会越努力地在技术细节方面做到精益求精。在技术形成和动力定型过程中,运动员必须准确理解动作并认真完成技术分析,而这些都离不开正确理论思维发挥的指导性作用。

2. 运用思维

运用能力就是参赛运动员运用动作的有效性。对于已经掌握多方面基本动作、技术质量和熟练程度较好的运动员来说,只代表其已经具备服务于比赛的手段,并不等同于运动员在参赛过程中能高效率应用。

要想顺利构建排球运动员动作条件反射能力,参与排球训练和比赛的运动员严禁做出对建立正确动作条件反射能力不利的行为,要牢牢抓住所有得分机会。

3. 战术思维

排球运动战术就是为打败对方选择并运用的策略和手段。从根本上来说,战术形式之所以产生并运用是在全面兼顾双方运动员技术水平和身心素质等多个层面具体情况的基础上,为实现取胜目标而制订出的优化方案,同时是教练员和运动员就排球运动和比赛的实际进行全方位思考后的结果。对排球运动员提出的详细要求是:一方面要扬长避短且充分发挥个人优势;另一方面要针对对方运动员实施抑长制短策略,促使有利态势慢慢产生。

对于运动训练主体内容的结构体系而言,全面剖析战术性质与功能以及战术和战术训练内容会得出,谋略与策划是战术的核心性内容,因而战术应属于智能训练范畴。排球运动员战术形式运用情况和训练水平是提高运动员技能水平的最高阶段,原因在于运动员选择并运用各项战术离不开谋略,同时运动员完成任何一项战术也离不开技能因素,因而运动员战术水平能充分反映其智能水平和技能水平。

4. 训练思维

运动训练过程是提高运动员竞技水平的教育过程,怎样以最快速度提高运动成绩是教练员致力于达成的目标。运动训练内容涉及运动员相关竞技能力的全部因素,一方面各项因素之间存在着相互促进和相互制约的关系,把握难度很大;另一方面排球运动比赛的竞争日益激烈,排球运动员的运动成绩已经达到极限,基于这种情况要想获得预期的训练成果,教练员一定要学习和掌握先进的训练理念、训练思路以及训练方法,此外要保证训练过程中的训练控制和训练诊断达到科学性要求。

尽管运动成绩是运动员竞技能力各组成要素全方位较量的结果,但一次训练课安排各种因素的全部内容是无法实现的,所以就有必要分解成很多次种类多样的训练课,分解完成后就会由此形成运动员竞技能力局部训练总体需求有机统一的问题。综合分析排球运动训练实践会发现,通过局部训练发展运动员竞技能力是利弊共存的,利弊共存现象要求教练员设法使局部训练和整体需要的相关要求相吻合,保证自身能立足于宏观视角控制好每一次训练课。

从本质上来说,训练控制是指准确把握运动员长期训练过程,在深入理解运动员竞技能力因素与运动训练因素的基础上,科学选定局部训练的相关内容和方法,保证自身先进的训练理念和训练思路贯彻和落实到训练实践中。训练控制的重中之重是运动规律与训练规律有机结合的程度:一方面是在训练中自觉加大认识运动员竞技能力各种因素详细内容相互作用的深度;另一方面是尽全力使训练环境与比赛环境实现统一,促使局部训练和整体需要发展成为存在密切联系的系统。训练控制旨在把先进训练理念和训练方法当作核心性内容,训练中使运动员无谓消耗和负面消耗减至最少,确保所有训练细节都能为运动员竞技能力的提升提供最佳服务。

训练诊断能在训练过程中持续发现和解决问题,发现和解决问题是思维的最高表现形式。对于一名高水平教练员而言,不只是拥有控制运动训练的超强能力,还拥有诊断运动训练过程中相关问题的超强能力。原因在于运动训练过程中的训练控制与训练诊断存在着相辅相成的关系,不管训练控制得多好,都会产生或多或少的问题,发现和解决问题经常被用来提高训练水平。如果无法发现问题,则后续的解决问题就无从谈起,但发现问题并不意味着问题能够顺利解决,训练诊断的重中之重是发现和解决问题的能力,倘若发现和解决所有问题都能达到针对性要求、实效性要求以及先进性要求,那么运动训练也会朝着既定目标持续发展。

(四)记忆力

记忆是个体大脑对过去经历事物的体现,而排球运动员的记忆力则是其已经具备的技战术水平在参赛时可以体现出来的程度。各个竞技体育项目对运动员记忆力的依赖程度存在或多或少的差异,所有具备"周期性"的运动项目往往不会严重依赖运动员记忆力,"非周期性"的运动项目往往要求运动员具备出众的记忆力。对于"非周期性"运动项目来说,所有已经编排完的固定套路动作的运动项目都对运动员记忆力要求不高,所有具备对抗性特征、动作不存在具体程序、动作随机变换且运用范围广阔的运动项目都会严重依赖于运动员记忆力。

无论排球教练员对运动员记忆力的理解程度如何,从本质上来说,训练过程就是所谓的运动员动作记忆过程,同时只有达到"自动化"程度才可能在激烈比赛中反映出来。具体来说,"自动化"是指对方动作姿势状态产生能被攻击的时机后,自身的进攻动作或者反击动作会随之发出且可以顺利把对方击中。倘若教练员可以从理性层面认识记忆力在专项运动中的相关表现和价值,则会对运动员专项技能的提升产生显著的积极作用。参赛运动员技战术水平的发挥和其记忆动作的实际情况存在很大联系,在日常训练中已经熟练掌握的技战术往往会在比赛中经常反映出来。因此,记忆力的重中之重并非是能不能顺利完成这项动作,而是看运动员参赛过程中需要完成这个动作时能否"自动化"地再现出来。

对于参赛运动员来说,技战术再现能力往往会受到几方面因素的影响:第一,在比赛场地内紧张氛围的影响下,运动员的记忆力和思维力会出现凝固的情况,日常运动训练中反复使用的技战术动作往往无法发挥出来;第二,在想胜怕输思想的作用下,运动员行为和动作严谨过度会使记忆进攻动作或者反击动作的反应速度变慢;第三,在对方运动员动作的影响下,对方所用动作往往会对自身所用动作产生很大影响,对方摆出反击的架势自己就不敢果断进攻,对方能或多或少地诱导并牵制自身所用动作的记忆;第四,在自身所用动作错误认识的影响下,执着于使用某项动作就有目的、有意识地运用某个动作,自觉减少记忆和使用其他动作的次数。这四个方面的因素都会对运动员技战术水平的提高产生显著的制约作用,所以务必要在训练过程中妥善解决掉。

从整体来说,排球运动员记忆力具体反映在全面记忆、重点记忆、综合记忆以及动作条件反射的记忆这四个方面,这里不再进行详细论述。

(五)想象力

想象是指人脑对过去感知过的事物形象进行再现、发展、创新的过程。具体到排球运动员身上,想象力则是指其对比赛场景和动作形象进行再现、发展、创新的能力。虽然排球运动是对抗性运动项目,但所有训练课都将实战比赛当成全部训练内容显然是无法实现的。究其原因,一方面是因为运动员参与实战需要其技术水平和专项身体素质进行支撑,另一方面是因为运动员必须预留很多时间完成练习活动,此外实战过多会使运动员更容易产生运动损伤和厌战的心理障碍。对于组织和开展基本技术训练以及专项身体素质训练的排球教练员来说,必须处理的问题是参训运动员的思想变化、时间因素变化、空间因素变化、参赛环境变化。

就参赛过程中运动员出现战机的特征来说,一方面是没有预测性,即运动员不知道何时产生;另一方面是战机出现后的停留时间很短,运动员要想抓住战机就必须就具备良好的注意力、观察力、反应速度、动作速度等,重中之重是运动员必须具备很强的动作条件反射能力。如果参与排球运动训练的运动员觉得不同类型的练习都是在训练,思想处于相对放松的状态,精神和注意力无法始终处在高度集中状态,很多情况下没有尽全力完成动作,如此必然会对训练质量产生负面影响。

排球运动员想象力的运用范围很广,运动员在训练场上完成所有训练内容都离不开想象力发挥支撑作用。与此同时,运动员在训练间歇应认真回顾和想象已经完成的训练内容,如哪些动作环节完成效果满意、哪些动作环节完成效果有待改善、下次练习的注意事项是什么,由此逐步养成在运动训练间歇休息时认真想象的良好习惯,将自身主观能动性发挥至最大限度对改进动作和提高水平都有显著作用。除了训练场以外,运动员也能借助想象力使自身的技战术能力得到显著增强,通常情况下是借助脑的思考来想象比赛情况。尽管这里所说的想象训练法并未做出实际动作,但能发挥出记忆动作、熟练动作、构思动作的作用。尤其是在参与战术训练活动时,受排球战术各项复杂原因的影响,排球运动员参与模拟训练的过程中会遇到很多困难,通过想象训练法来想象针对不同对手应采取哪些战术,立足于多个视角进行设想并高效破解,往往能对排球运动员战术意识和战术能力的增强产生显著的积极作用。

相生相克是排球运动技战术发展的动力,想象力能对技术创新产生显著作用,运动员共性和个性会在排球运动技战术发展的各个阶段呈现出不同的表现特征,通常好的表现和存在的问题是同时存在的。对于好的表现一方面自己要进行学习和掌握,同时还要通过想象制订出这些技术、战术的破解措施,通过训练掌握后争取在比赛中处于强者的地位。[①]就运动员普遍存在的问题与作用于技术发展的现象来说,同样有必要想象出切实可行的动作方案和训练措施,从而使这些问题和现象得到妥善解决,想象和思维是加快排球运动技术进步和创新速度的一条有效途径,教练员和运动员要保证自身功能发挥至最大。

第二节　排球运动员智能训练的任务与要求

一、排球运动员智能训练的任务

（一）培养运动员独立完成训练和参加比赛的能力

对于一名排球运动员来说,参与训练和比赛是必须要面对的,所以说独立完成训练和参加比赛的能力对排球运动员可持续发展至关重要。详细来说,排球运动员智能训练在培养运动员独立完成训练和参加比赛的能力时需要达到以下几点要求。

（1）保证运动员对排球训练和比赛的目的及任务有清晰认识和深度理解。

（2）保证运动员对排球比赛规则熟记于心,充分发挥运动员积累比赛经验的主观能动性。

（3）保证运动员熟练掌握切实高效的训练方法和手段。

（4）推动运动员的运动感知觉、运动表象力、动作概念能力的战术思维能力得到快速发展。

（5）在培养和增强排球运动员实际操作能力的同时,促使运动员更好地适应排球运动训练和比赛。

（二）培养运动员进行自我监督的能力

排球运动员提高竞技水平的过程中需要有自我监督能力发挥支撑性

---

① 郑宇．跆拳道运动员智能训练的研究［D］．武汉:武汉体育学院,2007.

作用。倘若运动员无法达到自我监督的相关要求,就难以掌握自身的具体状况,进而无法保证训练活动取得可持续性效果。由此可见,针对排球运动员的智能训练活动应有效培养运动员自我监督能力,具体要求如下。

(1)保证排球运动员充分掌握运动医学和运动心理学等方面的知识要点,同时指导他们熟练掌握并运用集简便性和易操作性于一体的测试方法,如此便于运动员有针对性地观察和检查自身的健康状况、机能水平以及心理状态,从而尽早地发现和解决问题。

(2)充分调动排球运动员和教练员协同安排运动负荷与恢复的主观能动性,由此科学控制整个训练过程。

(三)培养运动员参与制订和修改训练计划的能力

因为排球运动训练计划会受到多项因素的影响和干扰,所以制订完成的训练计划会发生或多或少的变化,允许排球运动员结合实际状况做出相应的修改。然而,因为制订训练计划时已经经过了科学论证环节,所以不能按照自身意愿任意更改。基于此,就需要运动员自觉充当制订和修改训练计划的参与者,保证制订计划环节和修改计划环节有据可依,而这就和运动员智能问题有很大关联,原因在于智能水平很高的运动员才能在制订和修改训练计划的过程中做到张弛有度。由此可见,智能训练过程中一定要高效培养和增强运动员参与制订和修改训练计划的能力,具体要求如下。

(1)要促使排球运动员全面掌握排球运动的客观规律与运动训练原则,同时督促和指导运动员结合自身状况制订和完善个人的训练计划。

(2)帮助和指导运动员熟练掌握运动生理学、运动心理学、运动生物力学等方面的基本知识,保证排球运动员能熟练掌握客观评价训练效果的方式方法,为其完善排球训练计划提供便利。

二、排球运动员智能训练的要求

(1)深刻领会排球运动员智能训练的多重作用,带动排球运动员自觉参与相关的训练活动,有效激发运动员独立完成训练任务的积极性。

(2)教练员要制订出科学可行的训练计划,保证智能训练贯穿在不同时间长度的训练计划中,从而使运动员智能水平得到大幅度提升。

(3)促使训练人员与科研人员高效协作、紧密配合,共同研究和解决智能训练过程中出现的问题。

(4)具备评定排球运动员的可行性制度和方法,由此科学评定运动员智能水平。

第三节　排球运动员智能训练的基本手段

一、在基础知识的传授中发展智能

（1）排球教练员要向运动员讲解排球运动的基本概念和基本原理，保证运动员准确掌握和运用训练的有关规律，改善排球运动员思维能力发展效果，为排球运动员实现知识技能迁移创造有利条件。

（2）积极运用包括多媒体教学在内的多元化教学手段，指导运动员逐步运用多种思维形式看待问题和处理问题，由此使运动员思维能力得到有效发展。

（3）通过多种方法使排球运动员将学习理论知识和参与排球训练活动有机结合起来，促使排球运动员在运用知识实践中的实际操作能力有所增强。

二、在排球专项理论知识的传授中发展智能

（1）排球教练员应用生物力学知识剖析各项技术动作时，要有意识、有目的地增强排球运动员的观察力和思维力。

（2）激发排球运动员积极学习和掌握有关排球运动的赛事规则和裁判方法，促使运动员的思维能力、观察能力以及适应能力有所增强。

（3）在保证运动员全面掌握训练计划、辅助措施以及自我监控等多方面知识的基础上，促使运动员自我保健方面的操作能力得到显著增强。

三、在排球运动训练过程中发展智能

在排球运动训练过程中，教练员的"训"和运动员"练"是双方协同完成训练的过程，排球教练员需要在构建良好训练方法的基础上对运动员展开科学训练，同时运动员要通过运用自己智能结合训练方法形成别具特色的技术动作。运动训练方法持续创新以及科学可行的训练体系都能对排球运动整体水平的提升产生显著作用。科学训练体系得以产生是智能针对竞赛和训练过程中相关问题的集中归纳，并在此基础上制订具备系统性特征的训练手段。由此可见，教练员要想使排球运动训练过程有序开展，就必须对各项训练手段的作用和特征形成正确认识。训练任务能够对排球

运动员不同阶段的竞技能力发展产生有效控制,有助于排球运动员整体竞技能力大幅度提升。

第四节　排球运动员智能训练体系的构建

一、排球运动员智能训练体系的构成要素

排球运动员智能训练体系由运动技能和心智技能两大部分组成,这两部分包含的具体因素如下。

(一)运动技能

排球运动员运动技能主要有掌握排球基本技术的能力、掌握排球基本战术的能力、运用排球技术和战术的能力。

(二)心智技能

心智技能主要有一般心智能力、掌握理论知识的能力、解决实际问题的能力。

二、排球运动员智能训练体系的构建策略

(一)正确初拟指标

排球运动员学习和应用技术都离不开智能的参与,所以构建排球运动员智能体系时要初拟相关指标,明确哪些指标能用于评定运动员智能水平。在这个阶段,对相关指标进行分级同样至关重要,原因在于如此能增强评定运动员智能的实效性。

在初拟指标的过程中,不仅要多查阅与此相关的参考文献,也要积极参与到和有关专家探讨的活动中,保证理论和实践充分结合在一起,在此基础上选定的评定指标往往能达到符合理论要求、不脱离实践的双重要求。

(二)发放调查问卷

确立相关指标的工作完成后,就要开始制作和发放调查问卷的工作,从而征求多方意见。值得一提的是,发放调查问卷环节涉及的专家务必要

具备很高的职业道德、储备丰富的专业知识、达到较高的技能要求、拥有很强的教学训练能力和科研能力、拥有一定工作年限,如此才能就调查问卷出现的缺陷提出针对性的完善对策。

（三）合理筛选指标

完成收取调查问卷的工作后,要对调查结果进行全面分析,并基于分析结果科学筛选各项指标。筛选指标过程中需要注意的是,筛选指标要有代表性和特定内涵,也要把排球运动员某方面的智能特征凸显出来。

（四）确定评价体系

完成筛选指标的工作后就要开始进行统计分析,统计分析时要科学确定所有指标的权重,在此基础上选定评价体系的相关构成形式。

（五）科学构建智能训练内容

1. 智能化的体能训练

体能训练是任何一个运动项目的基础。要想使体能训练达到预期的训练目标,不单单要充分结合相关的理论知识和实践手段,智能也发挥着不可替代的作用。对于参与排球比赛的运动员来说,其体能水平能够发挥主导性作用,良好的体能能为排球运动员平稳发挥出自身的技战术能力提供重要保障。在排球运动员体能训练过程中,只有科学分配体能才能使动作一致性得以保持,才能促使排球运动员形成一种动作记忆。当这种动作记忆演变成动作的定型后,参赛运动员才能准确而稳定地控制自身动作并做出相应行为。

2. 智能化的技术训练

排球运动员技术动作形成过程就是其参与训练时掌握和应用动作的过程,要想使运动员技术动作达到预期的竞技水平,智能化训练是不可或缺的。借助智能对运动技术形成的具体类型加以分析,从而保证运动员能将若干次动作练习所产生的动作意识逐步构建出一种运动技能库,由此促使运动员在分析和理解动作技术后形成明确概念,这里所说的动作意识就是由易到难且持续重复的练习所形成的技术动作。由此不难得出,排球运动员具备较高运动智能能缩短学习和掌握运动技巧的时长,也有助于其准确理解相关技术。

3. 智能化的战术训练

排球智能化战术训练中要着重培养运动员战术意识,战术意识的本质就是一种特殊思维活动过程,持续强化专项和规则等方面知识的培养能推动运动员深入理解运动战术的精华和本质,并在参赛过程中高效运用各项战术。

4. 智能化的心理训练

运动员心理能力是指运动员与训练和比赛存在关联的个性心理特征,并按照训练和比赛的具体需求把握和调整运动员心理过程的能力。心理活动能力是运动员竞技能力中不可或缺的组成部分。运动员心理过程的具体特征能对其参训过程和参赛过程中做出的具体行为产生显著作用,而比赛环境及其持续变化会对运动员情绪产生显著作用。因此,保持情绪稳定对运动员体能水平、技能水平以及战术水平的发挥情况有很大影响,同时也对比赛结果有直接性作用,此外是针对运动员心理能力展开的一种高强度训练,由此借助科学高效的智能化心理训练来增强运动员心理承受能力。

在智能化心理训练过程中,建议教练员运用意念训练法、诱导训练法和模拟训练法来对运动员实施适量的心理学知识训练,提高运动员运用和控制自身心理活动的能力,促使运动员竞技能力和竞技水平实现可持续发展。

(六)高度重视运动员心智能力指标

在选材过程中,教练员要关注排球运动员心智能力指标,原因在于这项指标能对排球运动员运动智能产生很大影响。

(七)科学构建运动员综合能力系统

构建排球运动员运动智能指标体系的出发点是排球运动员参加运动训练和运动比赛的综合能力系统,该能力系统中的各项指标要协调配合,如此才能保证预期效果得以产生。

(八)密切关注权重值较小的指标

在排球运动员智能训练过程中,不只要重视权重值较高的指标,也要密切关注权重值较小的指标,如此有助于运动员最佳能力发挥得淋漓尽致。

(九)重视技战术能力培养,积极开展一般智力水平测试

在排球运动员运动训练过程中,在加大运动员技战术能力培养力度的同时,也要把运动员心智技能培养摆在重要位置;教练员选材时要科学测试运动员一般智力水平,力求选材成效最佳化。

第八章 排球比赛致胜之技战术技能因素及科学训练

排球运动员在比赛过程中要想取得胜利,重要因素之一就是能够灵活运用排球的技战术,运动员拥有扎实的技战术,对提高运动成绩具有重要意义。运动员要提高自己的排球技术,必须学习和了解排球技术理论,掌握排球技术练习的重要方法。本章对排球技战术进行了阐述,深入研究了排球运动员重点技术和战术意识的培养与科学训练,为排球比赛致胜因素及科学训练研究提供了参考。

第一节 排球技战术概述

一、排球运动技术理论

(一)排球运动技术的概念

运动员在排球比赛中所采用的各种合理击球动作以及各种配合动作,就是所谓的排球技术。排球技术的运用需要符合几个方面的要求:排球运动技术要与排球运动规则相符;排球运动技术要与人体解剖学原理和生物力学原理相符;排球运动技术要与个人的运动特点和技术特点相符。

随着排球运动的不断发展,排球运动的特点也越来越鲜明,具体来说,其不仅有着较强的对抗性,还具有激烈的竞争性。鉴于此,为了保证良好的技术运用效果,就要求排球运动员不仅要熟练掌握排球运动的各种攻守技术,还要能够灵活运用,否则就会与当今排球运动的快速发展趋势不相适应,不利于排球运动的进一步发展。这里需要特别强调的一点是,当前的排球比赛对攻防转换速度、运动员的时空感要求越来越高,而这些也是需要在运动员技战术熟练掌握和灵活应用的基础上进行的,否则是不利于在比赛中争得比赛主动权和比赛胜利的。

（二）排球运动技术的分类

排球运动中有着多种多样的技术，但不管是什么样的技术，其都是由三个部分构成的，即击球前动作、击球动作和击球后动作。关于排球运动技术的分类，可以从两个方面进行阐述。

一个是从广义的角度上来说，可以将排球技术分为运动员身体部位击球时的动作和配合动作两个方面。

另一个是从狭义的角度上来说，可以将排球技术分为无球技术（准备姿势、移动、起跳及各种掩护动作等）和有球技术（传球、垫球、扣球、发球和拦网等）。

（三）排球运动技术的特点

（1）一般来说，排球运动技术的完成只需要很短的时间。排球比赛的竞争非常激烈，对运动员的技术动作要求非常高，再加上排球比赛规则在这方面也有相应的要求，这就要求运动员在最短的时间内完成击球技术动作，同时还要做到击球的快速性和准确性。

（2）排球运动的技术动作并不是静态的，而是在动态中完成的。具体来说，从发球开始到排球落地结束，排球一直处于空中飞行状态，运动员面对的始终是处于运动变化中的球。因此，要求运动员一定要熟练掌握技术动作，尽快做出相应的技术动作。

（3）当前，排球运动不断发展，其规则也有所改进。例如，就有一项关于排球运动员运用技术时，包括运动员的脚在内的身体各部位都能触球的改进规则。

（4）排球运动技术动作的属性往往是进攻与防守的有机结合，如较为典型的有传球技术、垫球技术、拦网技术等，换言之，就是这些技术可攻可守。

（四）排球运动技术的要求

排球运动在技术方面需要做到的要求主要有以下几个方面。

（1）在学习和掌握排球运动技术方面，要遵循全面性的原则。对排球运动的各个技术动作都熟练掌握，才能够为运动员技术动作的灵活应用奠定良好的基础，才能够更好地做好攻守转换，为排球战术的应用创造良好的条件。

（2）熟练掌握排球运动的各种技术。要求运动员在排球运动实践中一定要熟练掌握各项排球技术动作，同时还能够在比赛中根据实际情况和需要灵活自如地运用,并且将运动员的个性化特点充分体现出来。

(3)要求运动员要灵活、准确地运用排球运动的技术动作。具体来说,就是要求运动员要根据比赛规则来合理运用技术动作。同时,要保证技术动作的正确性和准确性。除此之外,为了保证理想的技术运用效果,还要求运动员具有良好的空间、时间和位置感觉等。

(4)要求运动员在排球运动技术运用方面,严格遵循实用性原则。只有实用的技术动作才能够与实战需要相符,才具有运用的价值和意义。

(五)排球运动技术的发展

1. 排球运动中发球技术的发展

排球比赛都是以发球开始的,因此可以说,发球技术在排球运动中具有非常重要的地位,是其他技术所无法比拟的。随着排球运动的不断发展,发球技术也必须为适应比赛的需要而发展,发球技术水平不断提高,攻击性也越来越强。当前,发球技术不仅是比赛的开始,同时也成为一项重要的得分手段。具体来说,发球技术也具有了攻、防两种重要属性。从当前的形势来看,男子的发球技术越来越注重发球的速度、力量,而女子发球则注重多样性。

2. 排球运动中传球技术的发展

当前,传球技术在比赛中的作用主要是二传、组织进攻,而二传在球队中处于核心的地位,尽管传球技术在排球运动中的应用频率下降,部分被垫球技术所替代,但是其重要性却不减反增。而且随着排球运动专业化的不断提升,二传手对传球技术的要求越来越高。由此可以看出,未来传球技术的主要发展方向为能够加快进攻节奏的各种形式的跳传。

3. 排球运动中垫球技术的发展

垫球在排球比赛中也有着非常重要的地位,并且垫球技术也随着排球运动得到了创新和改进。从某种程度上来说,排球运动中的垫球技术发展与接发球和扣球的发展创新有着密切的联系。同时,以正面双手垫球为基础所进行的垫球改进技术是未来发展的重头戏,较为典型的有移动垫球、低姿垫球等。

4. 排球运动中扣球技术的发展

在排球运动技术中,攻击性最强的当属扣球技术,因此其在比赛中作为重要的进攻手段和得分手段,具有非常重要的地位和作用。从某种意义上来说,扣球水平的高低往往会直接影响比赛的走势。通过研究发现,未来排球运动扣球技术的发展走向为快球扣球技术及后排扣球技术。

5. 排球运动中拦网技术的发展

拦网技术在排球比赛中,不仅是第一道防线,同时也是第一道进攻线。因此,这项技术也具有攻、防两重属性。拦网技术和扣球技术的发展状况能够在一定程度上反映出排球运动的整体发展状况,因为排球比赛主要是在这两项技术的不断展开中进行的,而拦网的水平的不断发展和提升也会进一步带动排球运动的不断发展。通过相关研究可以得知,未来排球运动中拦网技术将逐渐趋于强攻击性、针对性,拦网集体战术也会得到进一步的丰富和充实。

二、排球战术概述

(一)排球战术的概念

排球战术是在排球比赛前或比赛中根据对方情况或临场变化,由运动员采取符合排球运动规律的技术组合或有预见、有目的、有组织的统一行动。①

排球队在选择战术的过程中,要从实际情况出发,根据队员的技术水平、身体素质和体能的情况要求,选择和他相对应的战术。根据对方技战术的特点和临时情况,采取灵活的行动,扰乱对方的战术目的,获得比赛的主动权。

(二)排球战术的分类

1. 战术人数

排球战术分为集体战术和个人战术(图 8-1)。

2. 战术组织形式

排球战术分为进攻战术和防守战术(图 8-2)。

---

① 张国强,贾丽萍,苏国英. 高校排球运动理论与实践[M]. 哈尔滨:东北林业大学出版社,2008.

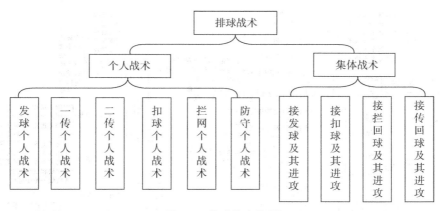

图 8-1　排球战术分类

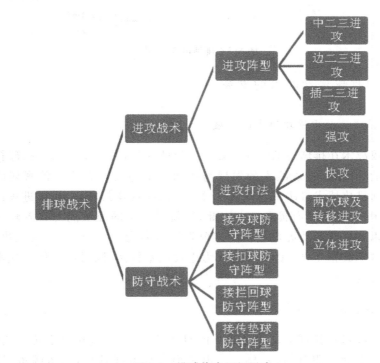

图 8-2　排球战术组织形式

3. 战术运用

接发球及其进攻、接扣球及其进攻、拦回球及其进攻和接传、垫球及其进攻(图 8-3)。

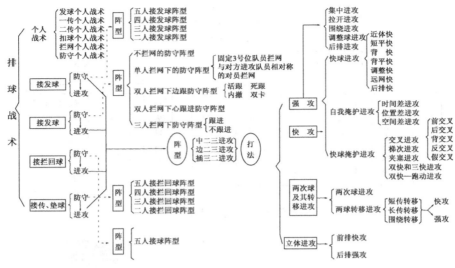

图 8-3　排球战术运用

（三）排球运动战术的发展

1. 排球运动中进攻战术的发展

进攻战术在排球运动中往往处于主导的地位,其主要是通过扣球技术来实现的。因此,进攻战术的发展与扣球技术的发展有着非常密切的联系。当前进攻战术打法主要有强攻、快攻、两次攻及其转移、后排进攻这四种。其中,最重要的当属强攻。因此,这就对攻手的强攻能力有着较高的要求。未来排球运动进攻战术的主要发展方向为强攻更强、快攻更快,前排与后排形成相互融合的立体进攻为进攻战术打法,同时还要保证战术的简练性与实效性。

2. 排球运动中防守战术的发展

防守战术在排球运动中也是不能忽视的,因为只进攻而不防守的话,往往会失分大于得分,得不偿失。由于很多技术都具有攻、防两重属性,因此要想进一步改进防守战术,提高防守效果,就必须全面提升技术水平。另外,拦网技术作为主要的防守技术,其在一定程度上反映出防守战术的水平。因此,重点发展拦网技术是未来防守战术发展的一个重点所在。

三、排球运动技战术创新体系研究

排球技战术指导思想在排球运动中具有重要的意义,从某种意义上来说,排球运动技战术的发展创新与指导思想有着不可分割的密切联系。而排球运动技战术的创新,对本队总体水平的提高有着积极的促进作用。

(一)排球运动技战术创新目的

所谓的创新目的,就是在创新活动中所要解决的问题或者要实现的目标。不管是什么样的创新活动,都是要根据创新目的来有针对性和目的性地选择相应的途径、方法的。

(二)排球运动技战术创新方法

人类对世界的认识和改造,都是借助于一定的方法来实现的。因此可以说,"方法是主体在认识和改造世界过程中所采取的方式和手段"。这在排球运动技战术的创新中也是非常适用的。

通过研究发现,排球运动技战术的创新方法主要有递进创新法、组合创新法、移植创新法、列举创新法、逆向创新法、非常规动作利用法这几种,每一种都有其特有的特点,因此其应用范围和作用也会有所差别。例如,较为简单但成功率较高的是递进创新法,具有较强目的性和针对性的是列举创新法等。具体要根据实际需要来选用其中的一种或几种来加以运用。

(三)排球运动技战术创新途径

所谓的创新途径,实际上就是在方法和手段上的创新。

1. 排球运动技术创新途径

排球运动技术的创新途径主要有三种:一是改进身体姿势,二是改进技术主要环节,三是增加技术环节。

2. 排球运动战术创新途径

战术是在技术的基础上形成的,因此要想在战术上有所创新,就要求不仅要有良好的技术基础,还要在技术上有所创新。技术、战术的不同创新途径主要取决于创新目的的不同。当前战术的创新途径主要有对某一技术进行改进、将多种技术进行组合、缩短进攻链这三种。

第二节　排球运动员重点技术培养与科学训练

一、发球技术

（一）正面发球

1. 正面上手发球

以右手击球为例，发球队员面对球网站立，利用收腹转体动作带动手臂加速挥动，在头的右前上方用全手掌击球过网（图 8-4）。这种发球技术具有较大的攻击性，且准确性较强。

图 8-4　正面上手发球

2. 正面下手发球

发球队员面对球网，手臂由后下方向前摆动，在体前腹部高度击球过网（图 8-5）。这种发球技术的操作容易，准确性高，攻击性不强，较适合初学者。

图 8-5　正面下手发球

（二）侧面下手发球

发球者侧对球网，靠腰腹转动带来的力量带动手臂挥动完成击球动作（图8-6）。这种发球技术省力且稳定性较强，但攻击性小，因此对初学者，尤其是女生较为适用。

图8-6　侧面下手发球

（三）正面上手发飘球

发球员面对球网，抛球，并利用身体转动带动手臂向前挥动的力量击球，注意击球作用力通过球体重心。这种发球技术往往会导致球飞行的路线变化大，给对方判定发球意图增加了难度，是最常见的一种发球技术。

（四）跳发球

发球队员在端线后，利用助跑跳起在空中，像扣球似的将球击入对方场区。这种发球技术的力量性和攻击性较强。

二、传球技术

（一）正传

以正面双手传球为例，传球前，两脚左右站立，稍蹲，准确判断好来球的落点，快速移动到球下，上体挺起，并利用蹬地的力量，双手张开，手触球后利用手指和手腕的力量将球传出（图8-7）。这种传球技术在排球运动中是最基本的。

图 8-7　正面双手传球

（二）侧传

传球者身体侧对传球目标，在不转动身体的情况下，通过双臂的动作力量完成向侧方传球（图 8-8）。

图 8-8　侧传

（三）背传

传球前，传球者稍蹲，上体保持稍直，背部正对目标，准确判断来球的落点，双手上举触球后，用手指和手臂，借助于后跳的力量将球向后传出（图 8-9）。

图 8-9　背传

（四）跳传

传球者在助跑或原地起跳的同时，在接近最高点的时候开始做迎球动作，迎击球的时候抬大臂、伸肘，使身体在最高点时将球传出（图 8-10）。这种传球技术的传球力量较大。

图 8-10　跳传

三、垫球技术

（一）正面垫球

这种垫球技术是最基本的一种，往往适用于接速度快、弧度平、力量大、落点低的各种来球。以正面单手垫球为例，当球从身体右侧飞来时，应向右跨出一大步，上体也随之向右倾斜，重心放在右腿上，右臂伸直，用前臂内侧、掌根或虎口处垫击球后下部,手臂自右后方向前摆动将球垫起(图 8-11)。这种垫球技术动作快,对运动员的综合素质要求较高。

图 8-11　正面单手垫球

（二）体侧垫球

当球飞向左侧时,左脚向左跨出一步,这时右脚前脚掌内侧蹬地,左膝弯曲,身体重心放在左脚上。同时,两手臂夹紧向左伸出,右肩微向下倾斜,腰右转、左肩上提,两臂垫击球的后下部将球的飞行路线截住(图 8-12)。这种垫球技术的控制范围大,但是准确性不高。

　　　1　　　　　　　2　　　　　　　3　　　　　　　4

图 8-12　体侧垫球

（三）背向垫球

垫球者背向着垫球方向,从体前向背后将球垫起(图 8-13)。这种垫球技术的垫击点较高,但是由于背对着目标,不便于观察,导致准确性较差。

（四）跨步垫球

1. 前跨垫球

当球距身体低而远的时候,看准球的落点,向前跨出一大步,膝关节弯曲并深蹲,将身体重心放在跨出腿上,上体前倾,臀部下降,两臂前伸插入球下,用前臂垫击球的后下方(图 8-14)。

图 8-13　背向垫球　　　　　　　图 8-14　前跨垫球

2. 侧跨垫球

当来球至右侧时,右脚向右侧跨出一大步,屈膝制动,重心移至跨出腿上,上体前倾,臀部下降,两臂插入球下,用前臂垫击球的后下部(图 8-15)。

图 8-15　侧跨垫球

（五）低姿垫球

(1)低蹲垫球。

(2)半跪垫球。

(3)全跪垫球。

（六）前扑垫球

当队员来不及移动接前方或斜前方低远来球时,身体向前下方扑出,击球后失去平衡,向前手臂屈肘撑地,扑在地上击球。这种击球技术对运动员的手臂力量有着较高的要求。通常,可以将这种垫球技术分为双手前扑垫球(图 8-16)和单手前扑垫球(图 8-17)两种形式。

图 8-16　双手前扑垫球

图 8-17　单手前扑垫球

四、扣球技术

（一）正面扣球

稍蹲，站在进攻线附近，做好向各个方向助跑双脚起跳的准备。准确判断来球的方向和落点，通过合理的助跑接近球，双腿蹬地向上起跳；挺胸展腹，利用收腹的发力带动手臂挥动触球。同时，主动用力屈腕屈指向前推压球，屈膝落地（图 8-18）。这种扣球技术最为常用，究其原因，主要是由于其扣球的灵活性较强，并且往往能够取得理想的进攻效果。

图 8-18　正面扣球

（二）勾手扣球

起跳后，左肩对网，通过转体动作，带动右臂向左上方挥动击球（图 8-19）。

这种扣球技术对远网扣球或由后排调整过来的球是较为适用的,究其原因,主要是由于这种扣球技术的击球范围较大。

图 8-19　勾手扣球

（三）单脚起跳扣球

助跑的最后一步以单脚踏地,另一只脚直接向前上方摆动帮助起跳,并利用手臂将球扣入对方区域（图 8-20）。这种扣球技术在现代排球中的运用是非常广泛的,究其原因,主要是由于其突然性比较强,往往令对手猝不及防,能达到理想的进攻效果。

图 8-20　单脚起跳扣球

五、拦网技术

（一）单人拦网

单人拦网技术是靠近球网的队员,将手伸向高于球网处阻挡对方的来球,并触及球,将球拦回到对方的区域（图 8-21）。

图 8-21　单人拦网

（二）多人拦网

多人拦网主要是指双人拦网和三人拦网，这两种技术都是在单人拦网技术的基础上进行的。具体来说，就是双人拦网要分出主拦队员和配合队员，并且保持合理的距离，从而保证拦网期间不会相互干扰，并取得理想的拦网效果。而三人拦网则要将中间的队员作为主拦队员，两侧的队员配合。

第三节　排球运动员战术意识培养与科学训练

一、排球运动员战术意识的培养

运动员能够高质量地完成教练布置的战术任务，最重要的影响因素就是战术意识，要培养运动员的战术意识，需要比较长的时间，并不是短期内就可以形成的。运动员最终形成战术意识和他的运动天赋有直接关系，随着技战术水平的提高，比赛经验逐渐丰富，直接增强运动员的战术意识。

可以通过以下一些措施来培养运动员的战术意识。

（1）培养与提高战术意识的物质基础是全面、熟练、实用的技术，运动员需要掌握扎实的基本功，为今后提高战术意识奠定基础。

（2）在教学训练计划中要特意加入培养战术意识的内容，运动员所具有的运动天赋各不相同，因此要因人而异，在战术意识的培养上区别对待，针对不同的对象有计划地进行严格而有意识的练习,尽量培养运动员全面的战术意识。

(3)加强基本技术训练,多看相关战术书籍,尽量多地学习各种战术打法,培养运动员的战术意识。

(4)了解和掌握比赛双方的技术特点和战术打法,通过赛前观察和赛后总结等方式,帮助战术意识的培养与提高。

(5)在训练和比赛中要注重视野的训练,加强对临场比赛的观察和判断,采取正确的技战术行动,加快战术意识的培养。

二、排球运动个人战术

排球运动个人战术可以分为个人进攻战术和个人防守战术两个方面。

(一)个人进攻战术

排球运动的个人进攻战术主要包括个人发球战术、个人一传战术、个人二传战术以及个人扣球战术等,具体如下。

1.个人发球战术

个人发球战术往往可以通过改变发球位置、发球弧度以及发球速度等方法来使发球方法得以有效改变,从而保证灵活运用。另外,在特定的情况下,还可以通过改变发球的攻击性和准确性,来灵活运用个人发球技术。

2.个人一传战术

在排球运动中,个人一传战术的应用形式有很多种,较为常见的有:组织强攻战术时,一传的弧度略高些,为二传队员创造便利条件;如果遇到对方场区有较大的空当或对方队员无准备的情况,一传可直接用传、垫、挡等动作把球击向对方等。

3.个人二传战术

个人二传战术在排球比赛中也有好几种应用形式,其中较为常见的有:晃传和两次球、隐蔽性传球、时间差跳传、高点二传、选择突破点、控制比赛节奏等。具体要根据实际情况和需要有针对性和目的性地进行选用。

4. 个人扣球战术

个人扣球战术在排球比赛中也有多种应用形式,具体来说,可以通过路线变化、轻重变化、超手和打手、左右手扣球、打吊结合等方式来实现。

(二)个人防守战术

排球运动中的个人防守战术有很多种,其中较为常见的有个人拦网战术和个人防守战术。

1. 个人拦网战术

在排球比赛中,个人拦网战术的应用形式有很多种,主要可以通过变换手型、假动作、撤手、单脚起跳拦网、"踮跳"拦网以及前伸拦网与直臂拦网等方式来实现。

2. 个人防守战术

在排球比赛中,个人防守战术的应用形式也有很多种,较为主要的有判断进攻点,合理取位;"有利面"放宽;上、下肢并用;针对性防守;拦、防配合等。

三、排球运动集体战术

排球运动集体战术可以分为集体进攻战术和集体防守战术两个方面。

(一)集体进攻战术

排球运动中的集体进攻战术主要包括快攻、强攻、两次攻及其转移以及立体进攻。

1. 快攻战术

排球运动中,快攻是较为常见的一种集体进攻战术,其具有多种具体形式,具体如下。

1)快球进攻

如图 8-22 所示,快球有近体快(A)、短平快(B)、背快(C)、背短平快(D)、背溜(E)、平拉开(F),以及调整快、远网快、后排快、半快球、单脚快等。

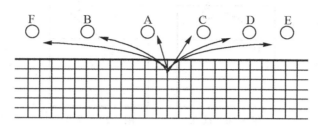

图 8-22 快球进攻

2）自我掩护进攻

这种快攻形式，往往可以通过三种方式来获取。

一种是"时间差"进攻，具体来说，就是扣球队员与二传之间通过暗号，密切配合。

一种是"位置差"进攻，其主要有三种具体形式，即"短平快前错位"（图 8-23）、"近体快前错位"（图 8-24）以及"近体快后错位"（图 8-25）。

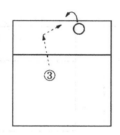

图 8-23 短平快前错位

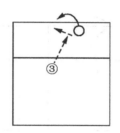

图 8-24 近体快前错位

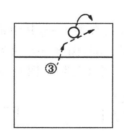

图 8-25 近体快后错位

还有一种是"空间差"进攻，其形式更加多样，主要有"前飞"（图 8-26）、"背飞"（图 8-27）、"假背飞"（图 8-28）、"后飞"（图 8-29）、"拉三"（图 8-30）、"拉四"（图 8-31）、"拉二"（图 8-32）等。

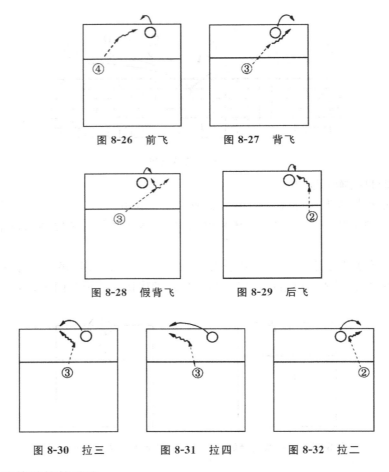

图 8-26　前飞　　　　　图 8-27　背飞

图 8-28　假背飞　　　　图 8-29　后飞

图 8-30　拉三　　　　图 8-31　拉四　　　　图 8-32　拉二

3)快球掩护进攻

快球掩护进攻的具体形式有很多种,其中最为主要的有交叉进攻(图 8-33,图 8-34)、梯次进攻(图 8-35,图 8-36)、夹塞进攻(图 8-37)、双快和三快进攻(图 8-38)以及"双快—跑动"进攻(图 8-39,图 8-40)。

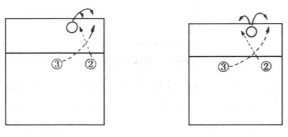

图 8-33　交叉进攻(1)　　　　图 8-34　交叉进攻(2)

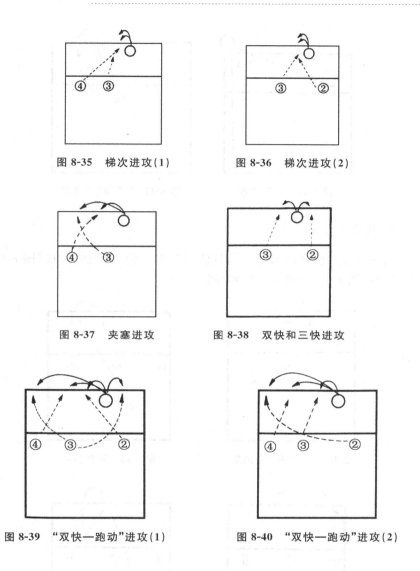

图 8-35　梯次进攻(1)　　　　图 8-36　梯次进攻(2)

图 8-37　夹塞进攻　　　　图 8-38　双快和三快进攻

图 8-39　"双快—跑动"进攻(1)　　　图 8-40　"双快—跑动"进攻(2)

2.强攻

　　强攻战术的具体形式也有很多种,每一种都有自己的特点,具体要根据实际情况来有目的性和针对性地加以应用。具体来说,强攻的形式主要有:易掌握、也易被拦的集中进攻;有利于线路变化及打手出界的拉开进攻(图 8-41);可以分为"后围绕"进攻(图 8-42)和"前围绕"进攻(图 8-43)的围绕进攻;对运动员体能要求较高的调整进攻;增加对方拦网难度的后排进攻。

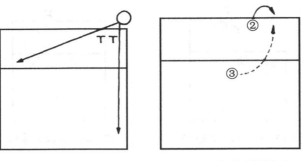

图 8-41　拉开进攻　　　　　图 8-42　"后围绕"进攻

3. 两次攻及其转移

两次攻及其转移战术的具体打法主要有三种,即短传转移(图 8-44)、长传转移(图 8-45)以及围绕转移(图 8-46)。

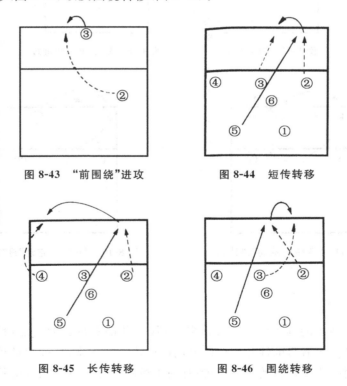

图 8-43　"前围绕"进攻　　　　　图 8-44　短传转移

图 8-45　长传转移　　　　　图 8-46　围绕转移

4. 立体进攻

立体进攻的具体打法有很多种,下面介绍几种较为常见的。

(1)3号位队员打背快球,2号位队员打背溜,4号位队员打平拉开,1号位、5号位队员在两翼进行后排进攻(图8-47)。

(2)3号位队员打短平快,4号位队员打平拉开,2号位队员打背溜,5号位队员从中路、1号位队员从右翼进行后排进攻(图8-48)。

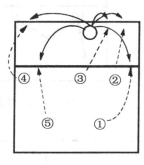
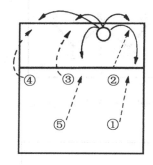

图 8-47 后排进攻(1)　　图 8-48 后排进攻(2)

(3)6号位队员后排起跳扣快球,4号位梯次进攻,2号位队员扣背快球,1号位、5号位队员后排进攻(图8-49)。

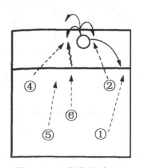

图 8-49 后排进攻(3)

(二)集体防守战术

1. 接发球防守战术

接发球防守战术主要是通过阵型站位的变化来实现的,需要强调的是,不同人数的接发球阵型的站位变化是不同的。

5人接发球阵型的站位主要有:适合初学者的基本站位阵型——"一三二"阵型站位(图8-50);有利于接边、角的发球和弧度高、速度慢、落点分散球的"一二一二"阵型站位(图8-51);能够有效对付大力发球和平冲飘球的"一"字阵型站位(图8-52);能够有效迷惑对方的"假插上"站位(图8-53);有助于出其不意袭击对方的"隐蔽"站位(图8-54)。

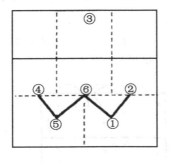

图 8-50　"一三二"阵型站位

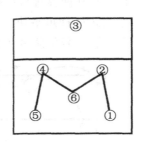

图 8-51　"一二一二"阵型站位

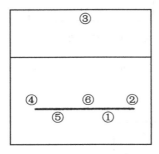

图 8-52　"一"字阵型站位

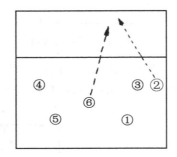

图 8-53　"假插上"站位

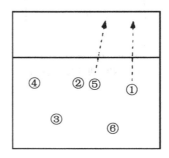

图 8-54　"隐蔽"站位

4 人接发球阵型的站位主要有：有效接对方落点靠后、速度平快的发球的浅盆形阵型站位（图 8-55）；有效接对方的跳发球、大力发球及平冲球的"一"字形阵型站位（图 8-56）；适用于对方发下沉飘球或长距离远飘球的深盆形阵型站位（图 8-57）。

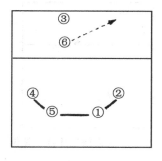

图 8-55 浅盆形阵型站位

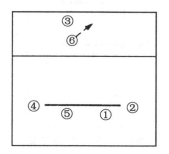

图 8-56 "一"字形阵型站位

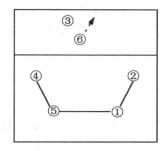

图 8-57 深盆形阵型站位

3 人接发球阵型站位主要有"前 1 后 2"阵型站位(图 8-58)、"后 3"阵型站位(图 8-59)。

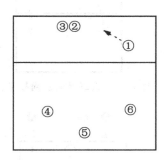

图 8-58 "前 1 后 2"阵型站位

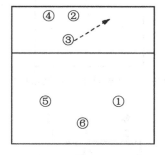

图 8-59 "后 3"阵型站位

2 人接发球阵型站位主要有"后 2"阵型站位(图 8-60)、专人接发球阵型站位(图 8-61)。

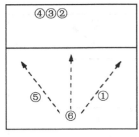

图 8-60 "后 2"阵型站位

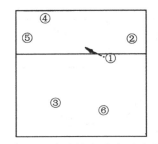

图 8-61 专人接发球阵型站位

2. 接传、垫球防守战术

为了便于组织战术进攻,通常可以采用"中、边二传"或"心二传"阵型。需要强调的是,这种战术往往会出现在初级水平的比赛中,高水平比赛中偶尔也会出现。

3. 接扣球防守战术

1)拦网

拦网的具体战术形式有:人盯区的拦网战术(图 8-62,图 8-63)、人盯人的拦网战术(图 8-64,图 8-65)、重叠拦网战术(图 8-66,图 8-67)。

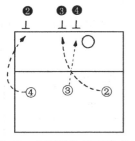

图 8-62 人盯区的拦网战术(1)

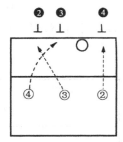

图 8-63 人盯区的拦网战术(2)

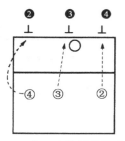

图 8-64 人盯人的拦网战术(1)

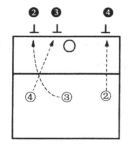

图 8-65 人盯人的拦网战术(2)

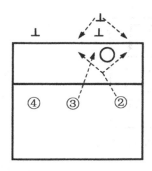

图 8-66　重叠拦网战术(1)

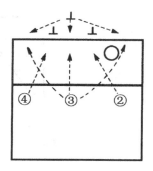

图 8-67　重叠拦网战术(2)

2)后排防守

后排防守战术的阵型主要有无人拦网防守阵型、单人拦网防守阵型（图 8-68，图 8-69，图 8-70）、双人拦网防守阵型以及三人拦网防守阵型（图 8-71，图 8-72）。

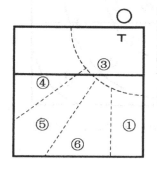

图 8-68　单人拦网防守阵型(1)

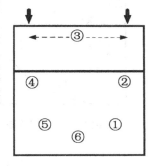

图 8-69　单人拦网防守阵型(2)

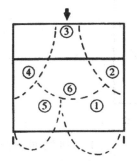

图 8-70　单人拦网防守阵型(3)

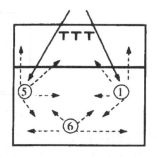

图 8-71　三人拦网防守阵型(1)

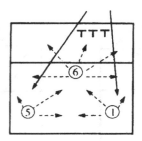

图 8-72 三人拦网防守阵型（2）

4. 接拦回球防守战术

5 人接拦回球防守阵型主要有"三、二"阵型（图 8-73）、"二、二、一"阵型（图 8-74）以及"二、三"阵型（图 8-75）。

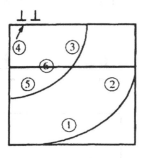

图 8-73 "三、二"阵型

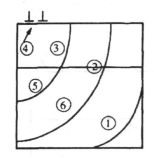

图 8-74 "二、二、一"阵型

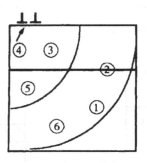

图 8-75 "二、三"阵型

另外，还有 4 人接拦回球防守阵型（图 8-76）、3 人接拦回球防守阵型（图 8-77）、2 人或 1 人接拦回球防守阵型（图 8-78，图 8-79）。

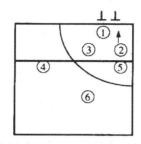

图 8-76 4 人接拦回球防守阵型

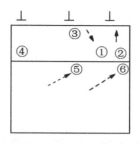

图 8-77 3 人接拦回球防守阵型

图 8-78 1 人接拦回球防守阵型(1)

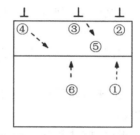

图 8-79 1 人接拦回球防守阵型(2)

参考文献

[1]李振.现代排球理论与技战术创新发展研究[M].北京:中国纺织出版社,2018.

[2]刘文学,李凤丽.排球运动训练与指导[M].长春:吉林摄影出版社,2017.

[3]中国排球协会.排球竞赛规则 2017—2020[M].北京:人民体育出版社,2017.

[4]《排球运动教程》编写组.排球运动教程[M].北京:北京体育大学出版社,2016.

[5]王恒.排球教学与训练[M].哈尔滨:哈尔滨工程大学出版社,2016.

[6]任天平.我国排球运动的战略性发展探究[M].北京:现代教育出版社,2016.

[7]何蕊.竞技排球多人进攻战术的组合特征与协同实施[M].北京:北京体育大学出版社,2016.

[8]米山一朋.图解排球技术和战术:基础训练 200 项[M].北京:人民邮电出版社,2016.

[9]孟国正.高水平排球运动员运动情境中决策行为的脑神经机制研究[M].北京:北京体育大学出版社,2016.

[10]宋元平.排球运动技能学习分析[M].北京:北京体育大学出版社,2010.

[11]岳宗甡.对排球运动理念的分析研究[D].西安:陕西师范大学,2016.

[12]潘迎旭,高秋平.对中国排球运动训练实践中若干理念的反思[J].北京体育大学学报,2008(6),863-864.

[13]张杰伟.北京市高校高水平排球队运动员学习与训练管理研究[D].北京:北京体育大学,2007.

[14]孙晓辉.影响排球运动员比赛的心理因素及其对策[J].宏观经济管理,2017(1),146-147.

[15]周振华.排球实用教程[M].北京:中国农业科学技术出版社,2010.

[16]虞重干.排球运动教程[M].北京:人民体育出版社,2009.

[17]张英波.现代体能训练方法[M].北京:北京体育大学出版社,2007.

[18]王健,何玉秀.健康体适能[M].北京:高等教育出版社,2010.

[19]郑宇.跆拳道运动员智能训练的研究[D].武汉:武汉体育学院,2007.

[20]邓玉明,刘书勇.我国手球运动员运动智能训练探析[J].运动,2014(24),24—25.

[21]张德林,赵伏生.高水平排球运动员运动智能指标体系的构建[J].湘潮(下半月),2010(2),54—56.

[22]曾黎.排球技术教学方法与训练[M].成都:西南交通大学出版社,2015.

[23]王晓龙.现代排球技术发展特点及趋势[J].当代体育科技,2014,4(31),175—176.

[24]林森,张辉利.我国排球技术概念与分类的审视与重构[J].沈阳体育学院学报,2016(6),99—103.

[25]张国强,贾丽萍,苏国英.高校排球运动理论与实践[M].哈尔滨:东北林业大学出版社,2008.

[26]吴艳.世界竞技排球的竞争格局与展望[D].苏州:苏州大学,2015.

[27]戴云鹏,李艳丽.优秀排球运动员竞技能力结构特征[J].保定师范专科学校学报,2004(2),46—47.

[28]朱祥凤,钟国友.现代排球运动员竞技能力的构成因素及其培养对策[J].百色学院学报,2008(3),114—118.

[29]张平平.我国竞技排球发展环境现状及优化对策研究[D].武汉:武汉体育学院,2007.

[30]邱金新.试论排球运动的主要制胜因素及发展趋势[J].社会体育学,2016(35),191—192.

[31]董娜.排球运动训练的创新探论[J].安顺学院学报,2014(5),96—97.

[32]熊焰.运动员竞技能力与竞技行为的参赛变异及其成因与对策[M].北京:北京体育大学出版社,2011.

[33]张绍英.现代排球比赛技战术变化与训练重点的分析[J].黑龙江科技信息,2017(2),116.

[34]陈果.现代排球比赛技战术变化和训练重点研究[J].牡丹江教育学院学报,2015(9),113—114.

[35]胡炫,黄兰,李可可.我国排球发展战略规划的反思与构想[J].武

汉体育学院学报,2015(10),89—95.

[36]潘迎旭.中国排球运动的可持续发展[M].北京:北京体育大学出版社,2007.

[37]凌彦婷.排球的项目特征与体能需求[J].当代体育科技,2018(12),169—171.

[38]封飞虎,凌波.运动生理学[M].武汉:华中科技大学出版社,2014.

[39]胡桂英.运动心理学[M].杭州:浙江大学出版社,2008.

[40]罗建新.运动生物力学[M].北京:北京师范大学出版社,2010.